共謀罪と治安管理社会

つながる心に手錠はかけられない

足立昌勝【監修】
Adachi Masakatsu

社会評論社

まえがき

足立　昌勝

「九・一一ツイン・タワー航空機衝突事故」以来、アメリカのブッシュにより進められている「対テロ戦争」は、自国の利益を優先し、自己の論理のみを正しいものとしたエゴ的性格のものである。それは、アメリカが世界の「警察軍」であることを明らかにした。アフガニスタンに対し、イラクに対し、アメリカは、宣戦布告をせずに、その領土を攻撃する権利を持っているわけではない。それらの国では、ただ自己の都合の悪い人物が政権を担っているだけである。ブッシュがどのように弁明しようが、それは、都合の悪い人物の追い落としを狙った侵略以外のなにものでもない。

国際世論も、そのことを見抜き、平和を求めている。それは、世界的に「ピースウォーク」が成功したことを見れば明らかであろう。

ところが、ブッシュの従僕に成り下がった小泉首相は、なりふり構わず、ブッシュ擁護の姿勢を崩そうとはしない。

一国の首相たるものは、国の将来を委ねられているので、十分に吟味した上での言語を用い、国民に納得できる説明を行う義務を持っている。小泉は、まったく反対のことしかしていない。思いつきでものを話し、のらりくらりとはぐらかし、国民にまったく説明しようとしない――それが、小泉の特徴である。

この小泉が、有事体制を整備し、自衛隊を海外に派兵した上で憲法を改正しようとしている。さもそれが自国の利益に合致するかのような幻想を国民に抱かせた上で進めている。本書で取り上げる「共謀罪」も、それと軸を一にしているだろう。ブッシュは、「対テロ戦争」を正当化し、「テロ」を撲滅するためには手段を選ばない。ブッシュ陣営に与するものが国連の下で条約を締結し、条約の批准を各国に迫っている。

かつて、一七六四年、イタリアのベッカリーアは、その著『犯罪と刑罰』の中で、「犯罪の尺度は、社会に与えた損害である」と述べた。犯罪は社会に害悪を与えたから成立するのであって、害悪がなければ犯罪とはいえない。当たり前のことである。

しかし、「共謀罪」は、犯罪の相談をしただけで成立してしまうので、社会に何も害悪を与えていない。いや、まだそれ以前であって、何があるのかを社会は見ることができない。外に見えないものを、心の中をどのように推論しようというのか。見ることのできないものを取り締ろうとすれば、それは、恣意的判断によらざるを得なくなる。自己にとって都合の悪い者を排除するには、これほど役に立つものはないだろう。

思想・心情の自由は、憲法で保障されている。この問題は、内心の自由にかかわるものである。私達の内心の自由が、なぜそこまで侵害されなければならないのだろうか。内心の自由は、ブッシュや小泉の恣意的判断で侵害されてはならない。

私達は、自由でいたい。自由は、民主主義社会の基礎ではないか。自由は、誰からも侵害されないものである。まして権力による侵害などは、もってのほかだ。

共謀罪の独立処罰を容認することは、市民一人一人にかかってくる問題である。いつの日か、あなたの内心の自由は、国家権力によって侵害され、権力に抵抗すら出来なくなってしまう。

制定理由を「テロ撲滅」に求め、誰でもが反対しにくい状況が作られている。しかし、賢明な市民は、それの持つ危険性をいち早く認識し、一団となって反対するであろう。私達は、将来に禍根を残したくない。

本書は、日夜、市民運動・労働運動を担っている者が肌で感じた思いを文にしたものである。本書が市民に受け入れられ、「共謀罪」に反対する声が国内のどこからともなくあがり、その声が遼遠の様に広がることを念願している。

皆さん。立ちあがりましょう。明日の自由を求め、日本に真の民主主義を定着させるために。

第一章　Q&A　共謀罪とは何か

資料篇

コラム

イラスト・カマヤン

第一章

Q&A 共謀罪とは何か

はじめに――情報操作は政治を腐敗させる

今、国会に「犯罪の国際化及び組織化並びに情報処理の高度化に対応するための刑法等の一部を改正する法律案」という名の恐るべき治安法が上程され、法務省・与党はその早期成立を狙っています。〇三年通常国会に上程され、臨時国会を経て総選挙で廃案となりましたが、サイバー犯罪対策法と一体の法案として〇四年通常国会に再上程され、秋の臨時国会も含め、趣旨説明も一度の審議もないまま継続審議となっているといういわくつきの悪法です。共謀罪新設、証人買収罪新設、強制執行妨害罪拡大、国家によるインターネット管理を狙うサイバー犯罪対策法など、この一括法案のそれぞれには、私たちの未来を決しかねない重要な問題が孕まれています。ここでは、その中でも、労働運動・民衆運動の破壊にとどまらず、民主主義と人権の崩壊をもたらしかねない稀代の治安法＝共謀罪新設の危険性について明らかにし、廃案を勝ち取る闘いを共にされるよう訴えます。

共謀罪の危険な内容にふれる前に私たちが前提的に確認しておきたいのは、今、国家によって反「テロ」・反「組織犯罪」という名の巨大な規模での情報操作がなされているということです。米・ブッシュ政権は「イラクには大量破壊兵器がある」「フセイン政権とアルカイダは連携している」という嘘を認めざるを得なくなりましたが、開戦理由を国家自ら否定するなど、前代未聞の出来事です。にもかかわらず、小泉首相は、ねつ造された理由によって強行された米・英など多国籍軍によるイラク侵略・軍事占領に自衛隊派兵で追随し、国会所信表明演説で「政は正なり」と恥ずかしげもなく発言する始末です。情報戦争という名のポピュリズムが横行し、政治の腐敗が急速に深まっているのです。

ことは治安立法の領域でも同じです。警察庁やマスコミによって「治安の急激な悪化」がキャンペーンされ、モラル・パニックに陥った市民の八割が「治安が悪くなった」と回答する状況が創りだされました。しかし、これは数字のマジックに過ぎません。確かに大失業・社会福祉削減のなかで社会不安が蔓延し、窃盗などは増えています。しかしこれは小泉内閣の経済・社会政策の失敗の問題であり、殺人・強盗などいわゆる凶悪犯罪の発生件数は横這いのままです。治安は「急激に」悪化などしていません。傷害・強制わいせつなどの犯罪が九九年から二〇〇〇年を境に急激に増えているのは、九九年桶川ストーカー殺人事件などでの失態と警察批判の高まりにたいし、組織的腐敗を覆い隠し焼け太りしようとする警察庁が相談取り扱い方針を変更したことによる数字のマジックの結果であることは、犯罪社会学会などの常識です。「犯罪実数は本当は増加していないし、治安の急激な悪化も起きていない」のです（河合幹雄『安全神話崩壊のパラドックス』）。

私たちは、こうした情報操作は極めて犯罪的だと言わざるを得ません。偽りの開戦理由によって、イラク民衆一〇数万人が殺され、米軍の死者も激増しています。9・11事件直後に制定された米・愛国者法によって多くのアラブ系アメリカ人が勾留・拘禁され、盗聴拡大など人権侵害の嵐が世界中で吹き荒れています。国際的な人権団体ヒューマンライツ・ウオッチは「対テロ戦争を掲げ人権を置き去りにしている」と強くブッシュ政権を批判する年次報告書を発表しました（二〇〇五・一・一三）。理由もなく虐殺された者を蘇らせることは出来ず、弾圧された者の傷を癒すことは出来ません。共謀罪を新設することは、近代以降築き上げてきた遺産を放棄し、反「テロ」戦争なる魑魅魍魎の世界に足を大きく踏み入れることです。日本においては、共謀罪新設がその歴史的な分水嶺です。

（Q1）「共謀罪」って何ですか？

誰にとっても聞きなれない言葉です。政府が〇三年春締結承認した国際〔越境〕的組織犯罪条約では「重大犯罪の実行を合意すること」を「共謀罪」としています。何かよからぬことを二人以上で相談して意思一致をしたと警察がみなせば、合意したこと自体を処罰できるようにするというのが、共謀罪の新設です。

①冗談も言えない共謀罪！

共謀罪は犯罪が実行される、実行されないに関わらず成立するとされています。「犯罪行為の未遂又は既遂に含まれるものとは別個に成立する犯罪」（共謀の独立処罰）なのです。たとえば、夫婦喧嘩や友人間のトラブルで〝あいつ、ぶっ殺してやりたい〟と友達に電話、〝そうだ、そうだ、やっちゃえ〟と相槌をうったら、実際には何もやらなくても、殺人や傷害の実行を合意したとされ、逮捕されるということです。具体的な被害や事件がなくても犯罪?という、私たちの常識に全くそぐわない犯罪が市民生活を支配することになります。

②団体活動つぶしの共謀罪！

政府は、団体の権益を維持する目的で、犯罪を共謀したとみなせば、これまた処罰するとしています。例えば、ある組合の労働争議を支援する目的で、支援者が集まって、職制の暴力的襲撃に〝仕返しをしてやる〟と合意すれば、組合員でない者も、実際に何もやらなくても常習的暴行の共謀罪で処罰されるということです。

③警察に管理された密告社会をつくりだす共謀罪！

共謀罪には「ただし、実行に着手する前に自首した者は、その刑を減軽し、又は免除する」とのただし書きがあります。事務所を共同経営している弁護士が、依頼者からの報酬がたっぷり入り、事務員相手に「これでぱあっと飲みにいこうか」「いいですね」などと冗談をとばした。しかし怖くなった事務員が警察に駆け込んだら、たちどころに弁護士は業務上横領の共謀罪という事態が起こりうるのです。起きてもいない「犯罪」の共謀を密告したものは刑は免除され、密告されたものは厳しく処罰されるという事態が生じるのです。

（Q2）犯罪行為がないのに何故処罰できるの？

日本の刑事法の基本は、ひとりの行為者によって、実行された犯罪を処罰することです。未遂罪というのも、実際やり遂げることができなかったけれどその手前までいった、という実行行為が必要です。しかし共謀罪は実行行為がない場合でも、相談をそれ自体として処罰する規定です。罪を犯す一歩手前どころか、遙か手前の思想や内心を処罰する罪を新しく創ろうというのです。

政府も現行刑法の原則に反していることを、自ら認めています。批准した国際〔越境〕的組織犯罪条約起草特別委員会への日本政府提案は「すべての重大犯罪の共謀と準備の行為を犯罪化することは、我々の法原則と両立しない。更にわが法制度は、具体的な犯罪の実行になんら関係のない一定の犯罪集団への参加の行為を犯罪化するなんらの規定をも有していない」としていたのです（一九九九年三月）。いつ刑法の大原則が変えられたのでしょうか！　政府には説明する義務があります。

誰も犯罪と無関係に生きることができるとは言いきれないはずです。どんなに穏健な人でも過失で罪を犯すこともあります。法案では業務上過失致死傷の共謀罪も処罰されるのです。何が罪となるのかは、私達の日常生活に密接に関係しており、その刑法の大原則を政府が特別刑法（組織的犯罪処罰法改悪）という形で、恣意的に変えることなど認めることはできません。

（Q３）「共謀共同正犯」と何処が違うの？

複数で、犯罪が実行されることがあります。刑法が本来想定しているのは合意にもとづ

「共謀罪」は
二〇〇〇年
「国連国際的組織犯罪対策条約」
第五条に端を発していて
元々は国際的組織犯罪を撲滅する目的でした
だから立法には少なくとも
国際性
組織性
重大性
の要件が必要なはずですが
和製共謀罪にはその要件が抜けてます
推理小説の打ち合せでも逮捕できそうだなあ
盗聴法も駆使して市民活動撲滅ですかね

いて実行行為を分担しあう場合の処罰です（実行共同正犯）。かつては、打合せだけに参加して実行行為を分担しない共同正犯の存在は否定されていました。しかし最高裁は、共謀共同正犯論を採り、運動つぶしの弾圧の武器にしてきました。「共謀共同正犯論が成立するには、二人以上の者が、特定の犯罪を行うため、共同意思の下に一体となって互に他人の行為を利用し、各自の意思を実行に移すことを内容とする謀議をなし、よって犯罪を実行した事実が認められなければならない」（練馬事件最高裁判決、一九五八年）としたのです。この理論は、左翼運動から暴力団へとその対象を広げ、今では「黙示の共謀」すら認め、団体活動つぶしの武器とされているのが現状です。

しかし共謀罪は、この悪名高い共謀共同正犯とは全く異なる犯罪類型を新設するものです。独立して共謀を処罰する罪が新設されるのです。勘違いする人が多いので、この点は厳しく留意する必要があります。共謀共同正犯はあくまで犯罪の実行が前提で（一部実行の全部責任）、共同実行の事実の要件をゆるやかに解釈したものです。実行行為のない合意それ自体を処罰する共謀罪とは、言葉は似ていますが、全く異なるものです。共謀罪は思想を処罰するのです。深夜、ひとりでよからぬことを考えても処罰されないが、携帯電話で友人と盛り上がったら、同じ話でも処罰できるというのはどうしてなのか？　理解できない罪が創られようとしています。

（Ｑ４）刑法が変わるの？

刑法は実質的に大きく変わります。注意したいのは、共謀罪を新設することは既遂（犯罪の結果の発生）→未遂（犯罪の実行の着手）→予備（具体的な準備）→共謀（意思の連絡）という単純な処罰の前倒しではないということです。未遂のない罪に一挙に共謀罪が独立して新設されるのです。

現行刑法に定められた罪は約一四〇、そのなかで未遂罪がついているのは五八、予備罪がついているのは内乱・外患誘致・殺人・強盗・放火などの七つに過ぎません。既遂を罰することを原則とし、未遂は条文で規定したかぎりで、予備は原則として罰しないが例外的に、これを罰するというのが現行刑法の体系です。ところが、共謀罪は、刑法に定められた罪のほとんどに独立して定められます。今までは、予備どころか未遂ですら処罰されなかったのに、考えただけで処罰されることになるのです。この結果、包丁を殺人目的で買えば（殺人予備）懲役二年以下なのに、その共謀が五年以下と重く罰せられることとなり、法定刑が逆転するなど、不条理な事態となります。共謀罪新設は、単なる犯罪処罰の早期化ではなく、現行刑法とは全く異質の刑法を創るのと同じことです。

犯罪の芽を早期に摘み取るのはいいことだと思われるかもしれません。しかし犯罪が処罰されるのは法益（法によって定められた社会・個人の利益）を侵害するからです。単に疑わしい、悪いことを考えているようだというだけで、人を処罰することは近代刑法の原則に反します。

（Q5）「重大犯罪」と「犯罪」は何が違うの？

「国際的組織犯罪」「重大犯罪」のレッテルが貼られると、極悪なイメージが浮かばせられます。しかし政府の情報操作に惑わされるわけにはいきません。コンビニで万引きしても、「重大犯罪」なのです。法案は共謀罪の対象となる罪を、長期四年以上の罪としていますが、刑法学者や弁護士でない限り、どんな罪が対象なのかさっぱり見当がつきません。しかし刑の上限が四年以上と定められている罪（傷害・詐欺…一〇年以下、逮捕監禁…三月以上五年など）は、なんと刑法・特別刑法などをあわせ約五六〇もあり、ほとんどすべての犯罪の共謀処罰が可能となるのです。ふだん聞きなれている罪で入っていないのは住居侵入、脅迫、暴行、公務執行妨害、猥褻物頒布くらいで、刑法に定める罪のほとんどが共謀罪の対象とされています。法務省Q＆Aが「国民の一般的な社会生活上の行為が本罪に当たることはありえません」というのは全くの偽りです。主なものを挙げてみます。

刑法では、

・窃盗・強盗・詐欺・傷害・背任・恐喝・強制わいせつ・強姦・横領・業務上横領・単純収賄・あっせん収賄・私用文書毀棄・建造物等損壊・自己の物の損壊等・境界損壊・逮捕監禁・営利目的略取誘拐・電子計算機損壊等業務妨害・有印公文書偽造・公正証書原本不実記載・有印私文書偽造・電磁的記録不正作出・有価証券偽造・不正電磁的記録カード保持・危険運転致傷・業務上過失致死傷・業務上堕胎・公印偽造・往来妨害致傷・電汽車往来危険・あへん煙吸食場所提供・水道汚染・通貨偽造・詔書偽造・偽証・虚偽告訴・特別公務員職権濫用・放火・殺人・内乱・騒乱など。

特別法では

・会社更生法・航空法・競馬法・児童買春法・銃刀法・酒税法・商法・職安法・政治資金規正法・地方税法・電波法・道路交通法・文化財保護法・労働基準法・労働者派遣法などなんと一四八以上もの法律の罪に共謀処罰が可能となります。

組織的犯罪処罰法で刑が加重された組織的強要・威力業務妨害や犯罪収益等隠匿、暴力行為等処罰に関する法律の常習暴行、カンパ禁止法のテロ資金供与罪、自衛隊法や日米安保条約第六条関連刑事特別法の防衛秘密漏洩罪も共謀罪の対象です。

共謀罪導入は、単に新しい罪がひとつ創られるということではありません。犯罪と刑罰に対する考え方を根本から変えるものです。それは団体（複数人）を対象とする第二の刑法の制定であり、実質的な刑法の全面改悪なのです。

（Q６）「国際的組織犯罪集団」を取締まるのでは？

「国際的犯罪」「越境犯罪」のみを対象としているかのような話しは全くのデマです。たとえ一国内で活動する小さなグループ、諸個人であっても、たとえ事件に国際的性質がなくても適用されます。法案でも、国際性は全く要件とされていません。

「組織犯罪集団」が対象というのもデマです。国際〔越境〕的組織犯罪条約では組織犯罪集団と規定されていますが、法案では「団体の活動として、当該行為を実行するための組織により行われるもの」「団体の不正権益」とされています。対象を組織犯罪集団に限っていないのです。合法的な目的をもった団体、たとえば、労働組合、市民運動体、ＮＰＯ、宗教団体、株式会社などが共謀した場合も処罰することが狙われています。九九年に盗聴法と一緒に強行制定された組織的犯罪処罰法では、「団体」とは、共同の目的を有する二人以上の継続的結合体と極めて抽象的に規定されています。職場や学園のサークルであれ、地域の○○会であれ、インターネット上のメル友であれ、全てが組織犯罪集団と見なされうるのです。

組対法が夫婦二人に適用されたこともあります。また組対法は団体の構成員でない者についても適用できるとされており、共謀罪が導入されれば無限に拡大が可能となります。組対法によって、組合のピケットが威力業務妨害罪にあたるとされた時、実行行為者は刑を通常より加重されます。ピケという実行行為がありますから、ある場合には共謀共同正犯が組合執行部に適用されるかもしれません。しかし、現行法では弾圧の対象は最大限拡張適用してもここまでのはずです。が、もし仮に共謀罪が新設されたとすれば、この場合、たとえピケによる威力業務妨害を行っていなくても、ピケを計画したとして会議参加者に「組織的な威力業務妨害の共謀罪」を適用し、一網打尽にすることが可能になります。先日プロ野球選手会がストを決行しましたが、共謀罪が制定され、もし警察が違法と見なせば、計画した時点で古田選手以下の執行部は逮捕ということになるのです。労働運動・大衆運動つぶしの恐るべき武器を腐敗した警察に与えるわけにはいきません。

（Q7）共謀しただけで財産没収されるの？

法案は共謀罪新設と関連して、「犯罪収益の前提犯罪の重大な犯罪等への拡大」を規定しています。「共謀した者が、その共謀に係わる犯罪の実行のための資金として使用する目的で取得した財産」が新たに没収されることになります。具体的にいえば、万引するための交通費として友人から受けとったお金などを没収するというのです。万引を実行しなくても、電車のなかで中止を決めても、共謀罪は成立していますから、没収されます。財産権を侵害する、こんなことがなぜ可能なのか？　法務省は「将来の犯罪活動にもちいられる恐れも大きい」からとしか説明していません。しかし「犯罪収益」とは犯罪行為によって得た財産ということですから、拡大どころかこれは無法への転落です。組対法には「犯罪収益等を収受した者、隠匿した者」の処罰規定もありますから、果てしなく外縁が広がりかねない危険な改悪です。

（Q8）「新しい捜査手法」ってヤバくないの？

人と人との話し合い、合意を犯罪として認定・立証するのは至難の技、というより不可能に近い話です。思想・表現・結社の自由を裁く危険性と難しさから、これまで、破防法や団体規制法には公安審査委員会、暴力団対策法には公安委員会と、「暴力主義的破壊活動を行った団体」「暴力的不法行為をする恐れがある集団」の認定の手続がまがりなりにも定められていました。ところが、包括的な団体活動取締りを狙う共謀罪を新設しようとする法案には適正手続を保証しようとする姿勢は全く見られません。要するに、本人や団体が何と言おうと、警察・検察が「客観的な状況から、犯意がある、もしくは集団を支援しようとしている」と見なせば弾圧できるとしているのです。条約も合意などの事実認定は「推認」でかまわないとしています。既に共謀共同正犯にかんする判例は、同一組織に属しているから共謀、目配せひとつで共謀、あるいは黙示の共謀を認めています。事件もないのに共謀の範囲をどう決めるのでしょうか？　何が共謀の証拠になるのでしょうか？ある場合には共謀していないことを自ら証明するという不可能なことを強いられるのです。共謀罪は、警察に一度目をつけられたら逃れようもない、だから警察に目をつけられるな、目をつけられている集団に近づくなと私たちを威嚇しているのです。

しかし、これではまるで無法国家です。警察の恣意的弾圧は、一時は猛威をふるうとしても、結局、その正当性が疑われ、失敗します。そこで、次に狙われているのが「新しい捜査手法」の導入です。法制審議会刑事法（国連国際組織犯罪条約関係）部会第一回会議でも共謀罪が新設されれば捜査の方法はどうなるのかとの疑問が出され、法務省は、「別途検討、議論すべきテーマ」と当面、政治焦点化することを避けました。法務省の思惑は、まず共謀罪を新設する、実効性をもたせるにはどうしても「新しい捜査手法」が必要だが、警察の組織的腐敗などもあり、先送りして、共謀罪制定後に一挙に決着を図るというものです。

実際、今、法務省・警察庁・自民党は、共謀罪を立証しうる「新しい捜査手法」を本格的に検討しています。検討・提言されている内容は、

○警察が簡便に使え、インターネットを規制でき、対象者が使う全ての電話や室内会話を盗聴できる盗聴法改悪
○泳がせ捜査、おとり捜査
○スパイ育成、潜入捜査
○共犯者の自首と証人保護
○免責による証言強制・司法取引

など、多岐にわたっています。室内会話の盗聴や盗撮、街頭カメラや通信の全面的盗聴なしには、共謀罪の立証は不可能なのです。そして、一九五二年の菅生事件のように、スパイとして組織に潜入した警官がある重大犯罪を提案、「よし、やろう」となった瞬間に、実行への着手がなくても共謀罪が成立（菅生事件では現役警官が駐在所に爆弾をしかけ

た！）、しかし潜入警官も同じ罪に問われるから、ちゃんとその救済措置を「刑の減軽、又は免除」「証人保護」として準備しようというのです。アメリカでも、賄賂など公務員汚職の刑事捜査では「わなかけ」（おとり捜査）と「刑事免責」の手法が使われています。民衆を誘惑し犯罪を行わせる、警察が自ら犯罪を行い民衆を共犯者に引き込む「新しい捜査手法」は、憲法三一条〔法定手続き〕と刑事訴訟法の破壊であり、日本のスパイ社会化、相互監視と密告社会化をもたらすこと必至です。冤罪が大量生産されることは目にみえています。

（Ｑ９）外国で「共謀罪」はどう使われてきたの？

イギリスとアメリカ合衆国に共謀罪があります。ドイツ・フランスなどヨーロッパ大陸諸国には、特定の結社を禁止する参加罪があります。イギリスでは一七世紀以来、複数の人間が結託して裁判の悪用を謀議することの処罰から始まり、次第に拡大適用されて、発展しつつあった労働運動を弾圧する手段として使われました。討論と合意によってつくられる労働者の団結が、刑事あるいは民事的な共謀罪に当たるとして処罰・損害賠償の対象だったのです。一八二四年の団結禁止法廃止までは、賃上げ・時間短縮など企業経営に影響を与える複数労働者の団結体結成は、ストライキ手段に訴えることをしない場合ですら犯罪行為とされました。争議行為の共謀罪からの免責を定めたのは、ようやく一九〇六年です。以降も続くイギリスの労働者の団結権獲得の歴史は、刑事的・民事的な共謀罪攻撃との闘い、悪法からの解放史だったと言えます。

アメリカ合衆国にも共謀罪があり、政治運動・労働運動弾圧の武器として使われています。模範刑法典より共謀罪の要件を緩めたRICO〔リコ〕法（組織的に行われたゆすり・たかり、脅し活動で影響を受けている組織および腐敗した組織に対する法律）の下で「政治団体やテロ集団」「黒人独立革命グループ、クロアチア独立主義者」「過激で熱心な政治的集団（例えば、中絶反対活動家、動物の権利主張組織、グリーンピースのような戦闘的な環境保護グループ）」など、すべての集団活動が取り締まり対象となり、特に労働組合への適用に効果的と総括されています（G・E・リンチ「RICO法」『警察学論集』一九九九年五月号）。九〇年代にパート労働者の画期的権利を勝ち取ったアメリカ最大の労働組合チームスターユニオンも、かつてRICO法で大弾圧をうけました。共謀罪はその融通無碍な性格から、欧米では「検察官の子供部屋における寵児」と揶揄されています。検察・警察にとってこんな便利な武器はないのです。

（Q10）英米型よりあぶない日本型共謀罪

しかし、法務省が考えている「日本型共謀罪」はもっと悪質です。アメリカの共謀罪も合意自体を犯罪化するのは同じですが、警察・検察による濫用を反省したのか、ニューヨーク州刑法典など近年の制定法の多くは、合意のほかに、それに基づいた、目的実現に資すると認められる一定の行為（表現行為・顕示行為―合意成立後の打ち合せ、電話連絡、犯行手段の準備などの外的行為）がなければ、共謀罪で有罪とされないとしています。「共謀し、かつ、そのうちの一人又はそれ以上の者が、共謀の目的を果たす為に何らかの行為を行ったときは」（合州国法典第一八篇第三七一条）処罰するのです。

しかし日本では「具体性、特定性、現実性を持った犯罪実行の意思の連絡で足りる」と合意内容の程度の問題にすりかえられています。「英米法の共謀罪は、具体的な犯罪計画が前提として必要である。…しかし日本では、犯罪が特定されない段階で制度化することは難しいので…『団体の活動として』との組織犯罪の要件をかぶせたものとした。これは諸外国に例が無いものである」と、法務省が法制審議会諮問直前に日本弁護士連合会に対して説明しました。合意は二人以上でなされるのですから「団体の活動」としての要件は、何の限定にもならないことは明らかなことです。それどころか組対法の政府解釈では「団体の活動」はその構成員に限定されず、支援者も該当するとされていますから、適用が拡大されることは目に見えています。要するに法務省は、アメリカのように、合意の目的を果たす為の何らかの行為も無く、また実行計画にまで話しが煮詰まっていなくても、政府の意に沿わない者を一網打尽に弾圧できる体制を作りたいのです。英米型共謀罪以上に包括的な日本の共謀罪は、集会・結社・表現の自由（憲法第二一条）にとどまらず、思想および良心の自由（憲法第一九条）を大きく侵害すること必至です。プライヴァシーを侵害する悪法を許すわけにはいきません。

（Q11）共謀罪の規定をもっと厳格にしたら？

政府・与党の中に〝実行の準備のためにする行為〟を行った時に共謀罪を適用するとの法案修正の動きがあります。しかしこの意見は実行行為のない犯罪＝共謀罪が内心の自由を露骨に侵害するとの批判を浴びて、形だけ後退したものにすぎません。現法案で、黙示の共謀があったと警察が推認すれば、相談の外形すらなくても共謀罪が成立するというところにまで拡大しているのを少し手直ししただけで何の歯止めにもなりません。

〝実行の準備のためにする行為〟は実行という言葉でごまかしていますが、決して「犯罪実行の着手」のことではありません（表現行為・顕示行為のほうが正確です）。「合意」以降で、「予備」以前の、なんらかの（犯罪でない）行為をもって共謀が成立したとするものです。たとえばアメリカでは、「合意成立後の打ち合せ・電話連絡・手紙文書の発信交換・犯行手段の準備、逃走・犯行隠避手段の準備などが通常の場合であるが、たとえば、政府転覆計画の合意の後に合法的な共産党の集会に出席した事例のような特殊な顕示行為も認められている。」（奈良俊夫「『共謀罪』及び『共謀』概念とコンスピラシーの法理」『独協法学』第57号）とされています。要するに、何でもありなのです。

予備罪のある殺人罪を例にとってみます（人を殺す目的で包丁を買えば殺人予備罪）。この場合〝実行の準備のためにする行為〟とは〝あいつをやってしまおう〟と話した翌日に銀行に行って預金を下ろすことです。警察はこの行為を包丁を買うため、あるいは逃走・犯行隠避手段の準備と見なして（たとえその金が別の使途であっても）、話した相手も含め、殺人共謀罪で逮捕できるというのです。

常識的に考えても、〝実行の準備のためにする行為〟を逐一規定することは出来ません。万引のための〝実行の準備のためにする行為〟と贈収賄のための〝実行の準備のためにする行為〟が同じはずがないのです。〝準備のためにする行為〟とは悪名高い治安維持法の「目的遂行の為にする行為」と同じです。

景観が壊れちゃう
マンション建設計画
反対しよう
業者は話し合いは拒否!
え〜っ
人垣を作って資材搬入を阻止するしかないね
…そうね…
こうなったら
お前ら全員組織的威力妨害共謀罪!
あのカラオケ屋深夜までうるさくて…
いっそ壊しに行っちゃおうか
うるさいよお。。ぴいぴい
器物損壊共謀罪!
ウヒョヒョヒョ
言ってみただけじゃん
何もしてないっつーの

最近の警察はやることがヒドすぎる
爆弾を投げ込んでやりたいね
そうだそうだ
ここに共謀の動かぬ証拠があるよ
は…激しくハメられた気がする…
次の商品輸入の会議をしようか
密輸の共謀罪で逮捕する！
密輸を謀議していたに決まってるそうに決めた！
えー!?
決めるなあ〜

爆撃で壊れた
パレスチナの
病院を
復興したい
よね
子供や病人が
困ってるもんね
募金活動を
しようか
テロ資金供与共謀罪!
テ…テロ資金?
病院の関係者の
背後の背後に
テロ組織が
あるに決まってる
そうに決めた!
決めるなあっ
アレだけは
当選させちゃ
マズイでしょ
落選運動を
考えようか
選挙妨害共謀罪でタイーホ!
ま…まだ
何も…
ガチャッ

（Q12）治安維持法・破防法を上回る治安法では？

戦前日本には、労働者民衆の団結を許さず、思想・表現・結社の自由を侵害する治安維持法が、弾圧法規の頂点に据えられていました。この悪法は、特定の思想をもった結社を組織すること、組織への加入を処罰すること（第一条）を基軸に、その思想を実現するための実行を協議すること（第二条）、実行を煽動すること（第三条）、犯罪を煽動すること（第四条）、金品を授受すること（第五条）を禁じていました。「協議罪」から「金品授受罪」は主として結社に加入する前段階の者の処罰を狙っていたのです。一九二八年、初の普通選挙での労農党躍進の結果に驚いた政府は、共産党関係者とみなした者を地引網でさらうような形で全国一斉逮捕に踏み切りました（3・15事件）が、その多くは党員ではなくシンパ層であり、結社加入罪で処罰し得ないために、協議罪を無理やり適用したのです。そしてこの拡張解釈の無理を解消するために、後に、「結社の目的遂行の為にする行為を為したる者」（目的遂行罪）を第一条に追加し、労働運動・社会運動はもとより、学者・宗教者から市民の、反戦はおろか非戦・厭戦の声を封殺しました。政治運動・労働運動・社会運動が弾圧・拷問か転向・翼賛かの脅しなどによって壊滅させられた後も、政府は、国体変革の大陰謀は常に存在しつづけていると煽り、社会の隅々まで監視の目を光らせて、批判・抗議・怨嗟の声を狩りだし、取り締まったのです。

治安維持法は、国体変革と私有財産制の否定を目的にすると権力がみなした組織をことごとく弾圧する悪法でした。しかし今回の「共謀罪」新設は、集団の目的を問わず一切の団体活動をはじめから対象としていること、結社以前の合意段階で予防的に取り締まろうとしていることなど、治安維持法以上の悪法です。また「暴力主義的破壊活動を行った」（破防法）・「無差別大量殺人行為を行った」（団体規制法）など実行行為を前提としていないこと、団体の財政基盤破壊・没収を狙っていること、適正手続きを全く欠いていることなど、支配者にとってオールマイティーな治安法です。

共謀罪が破防法など従来の（冷戦型の）弾圧手法と大きく異なるのは、広汎に網をかぶせて監視し、あるレベル以上の危険人物を常時監視（恫喝）し、国家にとって必要なときの一斉検挙態勢を平時から構築すること、それと刑事弾圧と財政破壊などの民事弾圧を合体させているところにあります。差別と分断、組織の徹底的破壊がその狙いです。絶対に稀代の治安法を制定させるわけにはいきません。

（Q13）「共謀罪」を新たに立法する必要があるの？

全くありません。ある行為を禁止・処罰する法律を新しく創るには、その必要性を裏付ける具体的事実（立法事実）がなければなりません。とりわけ基本的人権を制限する治安立法を政府が恣意的に創ることは許されません。法務省は、法制審議会で、共謀罪は「国内的ニーズに応える形をとっていない」と説明しています。ニーズがなければ急いで新設する必要など全くないはずです。

政府の本当の狙いは全く別のところにあります。二一世紀の危機と激動に対応する思想・表現・団体活動を全面的に取締れる刑事法体系の制定です。日本には既に破壊活動防止法、団体規制法などの団体取締り法がありますが、団体解散などの強権的手法に反対の声が強く、その発動はあまり容易ではありませんでした。一九九五年末からのオウム真理教への破防法団体適用策動の失敗はその端的な例です。そこで政府は、解散処分という外形にとらわれずに、まずは盗聴や刑の加重・財産の没収など、組織の実態・活動に打撃を加えて団体活動を取り締まることを狙って九九年組織的犯罪対策三法を強行制定しました。更に二〇〇〇年国際〔越境〕的組織犯罪条約調印を機に、共謀罪新設を中心とした組対法改悪を突破口として、全面的な思想・表現・団結禁止法の体系整備を目論んでいるのです。

(Q14) 共謀罪新設は国際的責任では?

そんなことはありません。そもそも国際〔越境〕的組織犯罪条約は、外務省、警察庁など各国政府の代表者がわずか一年半の審議で起草したものです。取締まる側の意見だけで、条約によって人権を規制される市民の側は国際人権団体の代表すら参加していません。そんな条約を、国際機関の決定として押しつけることは許されません。人権に関わる国際的条約で日本が批准していないものは幾つもあります。人権関係の条約ではいつも日本政府はそうして引き延ばしてきました。法務省は、ことさらに国際的責任を強調しています。しかし日本政府は条約案起草特別委員会の副議長国として自ら積極的に推進してきたのであり、無責任な説明はやめるべきです。

今、世界の支配者は「ループ・ホール(抜け穴をふさげ)論」と称して、各国の歴史性によって異なる刑事法制を、盗聴権限の全面的拡大・令状なしの逮捕・国外追放など、アメリカ愛国者法やイギリス反「テロ」法の水準に強化・統一しようと目論んでいます。これが法務省のいう「国際的責任」の中味なのです。法務省は、基本的人権を大きく侵害する治安立法の必要性について、ペテン的な説明はやめるべきです。

私たちは治安弾圧のグローバル化に抗して民衆の国際連帯を求めます。9・11事件直後の愛国者法制定に毅然として反対したラス・フェインゴールド米上院議員は次のように演説しました。

もしも私たちの生きているこの国が警察国家であれば、テロリストを捕えることはもっとたやすいだろう。もしも警察が何かしら理由をつけて、いつでもあなたがたの家を捜索することが許される国であれば。

もしも政府があなたがたの郵便物を開封したり、電話の会話を盗聴したり、電子メールでのやりとりを盗み見したりする国であれば。

もしも国民が書いたり考えたりした事柄にもとづいて、あるいはよからぬことを企んでいるという単なる疑いに基づいて投獄されるような国であれば、犯罪者一般を見つけるのと同様、政府はおそらくテロリストや未来のテロリストも大勢見つけだし、逮捕できるだろう。

しかしそれは、私たちが暮らしたいと思う国ではないだろうし、私たちが良心にもとづいて、戦って死ぬことを若い世代に求められるような国でもないだろう。要するに、そのような国はアメリカとはいえない。（ナット・ヘントフ『消えゆく自由』）

「安全・安心」が声高に叫ばれるなかでは、愛国者法反対闘争でよく引用される「一時のわずかな安全を得るために自由を手放せる者たちは、自由にも安全にも値しない」（ベンジャミン・フランクリン）という言葉を深くかみしめる必要があると思います。

（Q15）人権侵害・憲法違反の治安立法じゃないの？

共謀罪の新設は、明らかに憲法第一九条〔思想及び良心の自由〕第二〇条〔信教の自由〕第二一条〔集会・結社・表現の自由〕第二八条〔勤労者の団結権・団体交渉権その他団体行動権〕第三一条〔法定手続きの保障〕に違反します。憲法違反の治安立法です。

・第一九条：思想及び良心の自由は、これを侵してはならない。
・第二〇条：信教の自由は、何人に対してもこれを保障する。
・第二一条：集会、結社及び言論、出版その他一切の表現の自由は、これを保障する。検閲はこれをしてはならない。通信の秘密は、これを侵してはならない。
・第二八条：勤労者の団結する権利及び団体交渉その他の団体行動をする権利は、これを保障する。
・第三一条：何人も、法律の定める手続きによらなければ、その生命若しくは自由を奪はれ、又はその他の刑罰を科せられない。

有事立法を制定した政府は、武力攻撃事態での権利制限について「思想・良心・信仰の自由が制約を受けることはあり得る」と広言しています（福田官房長官の国会答弁、〇二年七月二四日）。「内心の自由という場面にとどまる限り」保障するが、「外部的な行為が為された場合には」処罰するというのが政府の説明です。例えば、国民保護法・改悪自衛隊法は、物資保管命令や立入検査拒否・妨害に罰則を設けました。食料や燃料などの物資の移動・販売は禁止されます。命令を受けた人が思想・信仰を理由として自衛隊に協力しないことは許されていません。罰則は六ヶ月以下の懲役ですから保管命令違反に共謀罪は適用できません。しかし仮に、あなたが戦争非協力の友人と語らって、「組織的な威力業務妨害」と警察がみなす行為――例えばトラックや通信機材の搬出阻止の闘い――を相談すれば、実際には何もやらなくても、共謀罪で二年以下の懲役が科されることになりかねないのです。「あらゆる国民動員体制は刑事罰の担保なしに実効性を持ち得ない。だからこそ刑事司法の強化・改悪こそが有事立法の隠れたる中心」（小田中聡樹）なのです。

（Q16）政府は何を狙っているの？

小泉政権・法務省・警察庁の狙いを、共謀罪新設に反対する私たちの理由と関係させてまとめてみます。

①犯罪の実行着手に至らない二人以上の者の合意を処罰する共謀罪は、警察が「悪い意思」をもつとみなした者を処罰するとしています。罪が一つ増えるというのではありません。まさしく意思を処罰する刑法への転換であり、実行行為を処罰する近代刑法原則を大きく逸脱した、治安維持法・破防法以上の治安法です。共謀罪新設は実質的な刑法総則改悪であり、同時に全ての団体活動を標的とする第二刑法制定攻撃なのです。私たちは、個人の内心、プライヴァシーを侵害し、市民社会全体を警察の監視・管理・弾圧によって窒息させ、思想・良心の自由・団結権の保障を定める憲法を破壊する悪法制定を絶対に許すことが出来ません。共謀罪新設は、人権の領域での憲法改悪の先取り攻撃です。

②自首すれば刑を減免するという規定まで設け、刑法改悪によってではなく組織的犯罪処罰法改悪による共謀罪新設とされているように、明らかに反戦運動・労働運動・市民運動つぶし・団結破壊が狙われています。既に組対法は暴力団にとどまらず右翼弾圧などに適用され、警察は政治運動・社会運動への適用も広言しています。〇四年春、東京・立川で

自衛隊官舎にイラク反戦ビラを投函しただけで逮捕・起訴されました。一審で無罪判決を勝ち取りましたが、検察が控訴し今も裁判が続いています。寿司屋などの商業チラシ投げ入れはＯＫでも、反戦ビラ配布はダメだというのが権力の本音です。弾圧は今、ここまでエスカレーションしています。世界が激震するなかで政府は、従来の城内平和的支配を自らうち破り、有事体制のもとでの共謀罪による本格的な運動つぶしを狙っているのです。

③共謀罪がスパイ潜入・おとり捜査、あるいは盗聴法改悪や司法取引など「新しい捜査手法」とセットになった攻撃として画策されていることは、既に自民党政務調査会「治安強化のための七つの宣言」（〇四年六月）などによって明らかです。警官がスパイとして労働組合に潜入し、警察が違法と見なす実力行使（たとえば組織的な威力業務妨害）を提案、合意をとりつけたのち、スト突入以前に自らは自首して・司法取引で罪を逃れ、他の人間は何もやっていないのに一網打尽にするという恐るべき事態が起きます。あるいは携帯電話やメールで盛り上がったところを警察が盗聴あるいは通信履歴を保存し、共謀罪を適用するという事態が起きます。これはミステリーの話ではありません。共謀罪制定は、私は悪いことをしないから関係ないと言っていられない超監視・密告・弾圧社会への扉を開くのです。

④共謀罪新設とサイバー犯罪対策法による盗聴法の実質的改悪、強制執行妨害罪拡大・重

罰化、証人買収罪新設、そし全面重罰化を内容とする刑法改悪など、犯罪処罰の早期化・拡大と厳罰化は一体のものです。この治安管理国家・警察国家化への一挙的なエスカレーションの先には、更に、支配のどす黒い野望が渦巻いています。元警察庁長官・山田英雄公共政策調査会理事長が、〇四年六月、治安対策基本法制定、危険人物の一時拘束、盗聴法改悪、破防法改悪、スパイ罪制定、有事警察緊急権、各種治安機関の警察庁への統合など、すさまじいと形容するしかない有事治安法構想を打ち出しました。そして警備公安畑出身の漆間警察庁長官が就任挨拶で「反テロ予防体制確立」を唱え、犯罪対策閣僚会議が「テロの未然防止のための行動計画」(〇四年一二月)を公表するなど、水面下で画策されてきた包括的反「テロ」法制定攻撃が急浮上し実行に移されています。アメリカ愛国者法に法レベルでも足並みをそろえ、9・11事件後に諸治安機関を統合して創設された国土安全保障省型の治安弾圧態勢をとろうというのです。

私たちは、こうした支配者の新たな野望をやすやすと実現させるわけにはいきません。共謀罪反対の闘いは世界大の、国家頂点から生活の隅々まで及ぶ巨大な流動が、「戦争・治安翼賛」「治安共同体」に組織されるのか、それとも民衆の力で止めうるのか、歴史的な分水嶺のなかでの闘いです。治安立法の扇の要＝共謀罪を廃案に追い込み、治安管理国家・戦争国家に風穴をあけましょう。

（Q17）悪法を廃案に出来ますか？

闘えば、廃案にできます。その第一歩は、それぞれが悪法の超危険性を広く訴えることです。

「何人も考えることによって罰せられることはない」はずです。その内容が国家や社会にとってどれほど危険なものであれ、思想に対する処罰は許されません。しかしナチス支配下で大逆罪に問われたフォン・モルトケ伯らに下された判決は、「モルトケがただ考えただけであり、計画の実行に何ら関与しなかったという事実は彼の責任を免除するものではない」と断言しています。

われわれ三人がやったことといえば、ただ考えただけでした。われわれはただ一緒に考えたという理由から絞首刑に処せられるのです。ビラ一枚作ったことさえ一度もなく、暴力の意図もなく、ただ存在したのは思想だけだったのです。責任を問われるべきは、計画でも準備でもなく、精神そのものであるとの記録がこれにより残されたのです。

（獄中から夫人に宛てた最後の手紙）

共謀罪新設は、この恐るべき社会に道を拓くのです。

ナチスだけではありません。日本でも同じです。例えば法務省が例外的に共謀罪が定められているとする爆発物取締罰則は明治の太政官布告にすぎず違憲の法律です。その第四条は、「治安を妨げ、又は人の身体財産を害せんとする目的」で爆発物使用について教唆・煽動・共謀しそれに止まった者を処罰する条項です。この条項は物証を必要としません。一九二三年の関東大震災直後、朝鮮人暴動のデマをねつ造した軍隊・警察によって住所不定・浮浪者としてデッチ上げ検挙された朴烈・金子文子は、次いで秘密結社組織違反で起訴（後に証拠不十分で免訴）され、更に上海から爆弾を入手することを仲間に依頼したということで爆発物取締罰則四条違反に問われました。資金も、入手先も用意しないまま立ち消えになっていた「架空のお話」で処罰されたのです。こうした弾圧は過去の話ではありません。

歴史から導かれる教訓は、思想・表現・団結の自由は自ら闘いとらなければならないということです。反戦平和の闘い、差別・貧困をなくす闘い、国際連帯の闘いなど様々な政治・社会運動の前提となっているのは、思想・表現・連帯・抵抗の自由です。闘うことの自由、つながりあう自由、共鳴・共感しあいながら生きる自由が、今、根本から脅かされるなかで、私達は起ち上がり、悪法の制定を阻止します。

弾圧で労働者民衆の闘いを根こぎにすることはできません。９・11事件以降、イラク・パレスチナ・アフガニスタン・アメリカはもとより、世界中に戦争と弾圧、人権侵害の嵐が吹き荒れています。アナン国連事務総長ですら「法の支配が危機に陥っている」と批判する事態が生じています。こうした危機的事態のなかで、アメリカの愛国者法廃止の闘い、イギリスの反「テロ」法反対の闘い、ドイツの室内盗聴違憲の闘い、大統領自ら過去の遺物と断罪する韓国の国家保安法廃止への動きなど、治安のグローバル化をうち破る民衆の反撃が進んでいます。日本の共謀罪反対闘争もその一環です。起ち上がり、持てる力を振りしぼり、共謀罪新設を共に阻止しましょう。

用語解説

組織的犯罪対策三法　刑の加重とマネーロンダリング規制などを決めた組対法、警察の盗聴を合法化した盗聴法、裁判での偽証をすすめる刑訴法改悪（証人保護の新設）の三つの法から成り、国会内外での多くの反対を押し切って九九年八月制定された。《ヒト・モノ・カネ・情報》という団体活動の実効的禁圧に注目し、政治団体・労働組合・市民団体などを取り締まる目的を持つ。

未遂・既遂　「未遂」は犯罪の実行に着手したが、結果が発生せず、犯罪が完成しなかった場合を言う。未遂罪は犯罪が未遂で、刑法に特にこれを罰する旨の規定がある場合に成立する罪。「既遂」は犯罪の構成要件が全て充足され犯罪が完成したこと。いずれも実行行為への着手を前提とする。

ほう助・教唆　「ほう助」は他人の犯罪の遂行に便宜を与える（助ける）有形無形の一切の行為。「教唆」は他人に犯罪または不法行為の実行を決意させる行為。

破防法　サンフランシスコ条約・日米安保条約の発効、沖縄の分離支配と一体となって一九五二年に制定された「破壊活動防止法」のこと。「政治目的を持って」「暴力主義的破壊活動」を行った行為の事前予防と、団体そのものの解散を目的とした、思想・表現・結社の自由を無視する憲法違反の悪法。制定直後は日本共産党に対して、間に右翼をはさんで一九七〇年を前後して安保・沖縄闘争を闘う新左翼（中核派・共産同・赤軍派）に個人適用し、そして九五年にはオウム真理教に対して団体規制条項の発動をしようとしたが失敗した。今、適用条項の敷居を低くした破防法の改悪が狙われている。

団体規制法　「無差別大量殺人を行った団体の規制に関する法律」、第二破防法とも言う。一九九九年一二月制定。破防法団体適用に失敗した日本政府・公安当局は、観察処分・再発防止処分を軸に、団体の活動規制を旨とする本法を制定。二〇〇〇年二月公安審査委員会はロクな審議もせずに、オウム真理教に適用を決定。現在、アレフ（旧オウム）に観察処分がかけられ、人員・財政などの報告や立ち入り検査が行われている。二〇〇一年六月、東京地裁は違憲行政訴訟に対して合憲判決。五年後（二〇〇四年）の見直し規定がある。

公安審査委員会　法務省の外局。霞ヶ関にある法務省の税金をふんだんに使った立派なビルの一角にある。委員長・委員六人によって構成される合議制行政機関。建前として身分・職権行使の独立性が与えられている。破防法の団体適用の請求が公安調査庁長官の請求があった場合にのみ審査の手続が開始される。この暇を持て余している委員一人あたりの年俸が二〇〇〇万円を超えるふざけた組織である。小泉の「聖域なき構造改革」はこうしたところにはメスをいれない。

暴力団対策法　一九九二年三月施行された「暴力団員による不当な行為の防止等に関する法律」。その後二回の改悪を経て、公安委員会に指定された暴力団の通常の行為を大幅に禁止して暴力団の組織の禁圧に威力をふるっている。制定当時、「暴力団だから」ということでほとんどの学者・民衆はみのがしたが、団体そのものの禁圧・抑制を実効させたものとして、教訓化しなければならない。

公安委員会　戦前の内務省型警察への反省から、警察の「民主的な運営を管理する」名目で一九四七年に警察法によって設置された。公安委員は国または各自治体の首長が議会の同意を得て任命する。もともと地元の名誉職的位置が強かったが、自治体警察から国家警察への推転にともなって警察活動の助長機関になってゆく。あまりの警察の腐敗にも何ら対応できない不埒な機関。資本家と右翼弁護士が任命されることが多い。

治安維持法　一九二五年に制定され、以後二回にわたり改悪された戦前最大の悪法。最後の改悪で死刑を附加して、労働運動・共産主義運動ばかりか、市民団体（天皇制に屈服しない宗教団体や俳句の会など）まで根こそぎつぶし、戦争への道を準備した。拷問とデッチアゲを専門とする特高警察の下で猛威を振るった。この治安維持法で死刑になった日本人は尾崎秀実一人。おなじ事件のゾルゲも処刑された。多くは日帝植民地下の朝鮮人民。戦争・植民地法の帝国主義の残虐性を示して余りある。

横浜事件　一五年戦争下の言論弾圧事件。一九四二年神奈川県特高警察のデッチアゲによる共産党再建謀議の容疑で、雑誌編集者ら数十人が検挙され、拷問取り調べにより四人が獄死、「中央公論」「改造」が廃刊された。元被告・遺族らによって再審闘争が続けられている。

隠匿罪・収受罪　組対法の「隠匿罪」は犯罪収益等の取得・処分の事実を仮装・隠匿した場合に五年以下の懲役もしくは三〇〇万円以下の罰金。「収受罪」は事情を知った上で犯罪収益を収受すること。三年以下の懲役もしくは一〇〇万円以下の罰金。

麻薬特例法　一九八八年の麻薬新条約の批准にともない、麻薬二法が九二年七月に施行。麻薬取り締まりを口実に、この法で初めて日本では、国際的な規模での「監視付移転」（コントロールドデリバリー…泳がせ捜査）、おとり捜査が導入された。こうした実績を得て、治安当局は違法な手法を拡大している。

長期五年　「長期五年」とは適用罪状の罪の上限が決まっており、従って五年以上の懲役・禁固はない。逆に「短期三年」とは罪の下限が決まっていること。ただし、懲役三年以下の懲役には、最大五年の執行猶予が与えられる。ちなみに、たとえば「逮捕監禁」罪は「三月以上五年以下の懲役」となっている。

司法の廉潔性　司法機関が自ら、犯罪捜査のためであっても犯罪に加担してはならないということ。

菅生事件　一九五二年六月二日に起こった菅生（すごう）村（現在の大分県竹田市）の駐在所爆破事件。公判で爆弾をしかけた犯人が現役の警察官であったことが被告・弁護団・マスコミによって明らかにされ、被告の共産党員は無罪を勝ち取った。仕掛けた現役の警察官・戸高公徳は起訴されたが、上司と連携してやったことが「自首」にあたるとして刑の執行を免除。朝鮮戦争下、破防法を制定するため、自衛隊を復活させるためのフレームアップ事件。国家権力が仕組んだ犯罪として記憶にとどめておかなければならない。

デュープロセス　法の適正手続と訳される。「何人も…法の適正な法の手続によらなければ生命・自由又は財産を奪われることはない…」（アメリカ合衆国憲法修正五条）という原則。日本国憲法三一条はこの趣旨の規定と解されている。

Nシステム　道路の上に設置されている車のナンバー読みとり・捕捉装置のこと。主要道路の上をみると、車の台数掌握装置とは別に設置されている。最近では運転手の画像までキャッチし顔の特徴で人間を捕捉するところまで追求しているという。一九八六年に新左翼弾圧の一環として開発・設置されて以来、全国の主要幹線道路に七〇〇台強が設置されている。人権の侵害を訴えた裁判で東京地裁では合憲判決が出されたが控訴中。

国際的盗聴網　エシュロンのこと。欧州の企業の入札が明らかに盗聴され、その結果、米企業によって落札されたことから、最初は欧州議会が騒ぎだし、９・11同時爆破事件を防げなかったCIAの責任を問う形で新聞にも出るようになった。それまではシークレットのベールにつつまれていた。ソ連崩壊後、世界にアンテナ網を設置して英語圏五カ国（米・英・加・オーストラリア・ニュージーランド）が協力して、世界の電波を片っ端から捕捉して解析しているシステム。軍事・政治・経済情報を盗聴しているが、物量を誇る米国の圧倒的利益に供している。日本には三沢基地内にアンテナがある。

欧州評議会　Council of Europe。四九年発足し本部は仏のストラスブール。EUの議会である欧州議会とは別で、加盟国の外相で構成。主に経済・社会問題での統合を加盟各国の政府に勧告する目的を持っている。

NSA　National Security Agency。アメリカ国家安全保障局。一九五二年設立で国防省の情報収集機関。

カーニボー　「肉食獣」と訳す。アメリカのインターネット通信盗聴専用ソフトで、九九年六月に完成したといわれ、現在、ＦＢＩが米国盗聴法に依って使用している。インターネット上のあらゆる通信（メールも）をピンポイントで取り出すことができる。日本でも、盗聴法で「電話その他の電気通信」の定義に電子メールが含まれると解され、カーニボー類似ソフトの導入しようとしている。

ＦＢＩ　Federal Bureau of Investigation の略。一九〇八年に司法省に設置され一九三五年に現在の名前に改称。各州にまたがる犯罪の調査・情報収集を主任務とする。

ＣＩＡ　ＣＩＡはCentral Intelligence Agencyの略で米中央情報局のこと。一九四七年の国家安全保障法で生まれた大統領直属の諜報機関。諜報だけでなく暗殺・破壊活動を行って、米帝の戦後体制の一翼を担ってきた。

自己負罪拒否特権　自己が刑事訴追を受け又は有罪判決を受けるおそれのある事項について供述を拒むことができる権利のこと。

ストーカー法　ストーカーに対する防護処置を警察に与える法として二〇〇〇年に制定された。ようするに男女間の色恋沙汰に警察の介入を認めたもの。江戸時代の式亭三馬にも笑われる代物。警察による民事不介入の原則を破り、警察権力をさらに強化させた法として警戒警報を発しなければならない。

刑事弁護ガイドライン　被疑者国定弁護制度との関連で刑事弁護の最低基準を決めようとしたもので、二〇〇一年二月、日弁連刑事弁護センターで準則などが可決された。公判をスムーズに推進するために、弁護士の弁護権を自己規制する、従って被告の権利を弁護士の手で制約するとんでもないもの。国際（越境）的組織犯罪条約の弁護士へのマネロンの届け出規定とあわせると、民事・刑事の両面にわたって、民衆の司法・防御権が大きく制約される。

ＭＩ６　イギリスが世界に誇りたい諜報機関。

ＫＧＢ　旧ソ連国家保安委員会。アメリカのＣＩＡにあたる。
モサド　一九五一年設置されたイスラエル中央情報局。世界屈指と言われている秘密情報機関。

『一九八四年』　ジョージ・オーウェルの作品。人権もないプライバシーもない国家の到来を予測した作品として書かれた。近代国家の管理主義はオーウェルの予見をはるかに越えてしまった。

コラム

冗談も言えなくなる共謀罪の新設
ようこそ、プレ・クライムが裁かれる悪夢の世界へ

海渡雄一

いま、封切り中の映画にハリウッドの人気俳優トム・クルーズ主演の『マイノリティ・リポート』という映画がある。この映画は、クルーズが勤めるプレ・クライム・ユニット（犯罪予防局）で未来に起きる犯罪を予知し、その犯罪者を事前に逮捕できることをストーリーの骨格としている。未来に起きる犯罪の予知はまったくＳＦ的な話である。

しかし、「未来に起きるかもしれない犯罪でいま逮捕される」という法律が、次の通常国会で成立させられようとしているのが日本の現実だ。

その名前を「共謀罪」という。「共謀罪が新設される」というと、法律を少し知っている人はたいてい「それって、いまでも、判例で認められている共謀共同正犯を法律にしただけでしょう」と答える。

しかし、それは違う。「共謀共同正犯」では、処罰のためには少なくとも「犯罪の実行」が「着手」されていることが必要だ。殺人なら凶器を向けてつかみかかる、窃盗なら家に忍び込んで物色を始めるところまで行って、「未遂」＝「実行の着手」だ。犯罪が現実のものとなっているときに、その責任を問える共犯者の範囲が問題となって、共謀に加担した者も責任に問えるというのが「共謀共同正犯理論」なのである。

これに対して、新たに導入されようとしている「共謀罪」は、長期四年以上の刑期を定めるあらゆる犯罪（合計では五〇〇を超える）について、「団体性」があれば（「二人以上で」と読め！）、犯罪の合意だけで共謀罪が成立するというものだ。犯罪の「合意」とは二人以上の者が犯罪を行なうことを意思一致することだけであり、それ以上の行為、たとえば「誰かに電話をかける」「凶器を買う」といった犯罪の準備行為に取りかかることは処罰の要件となっていない。

ではなぜ、いま共謀罪なのか。二〇〇〇年末に国連総会で採択された越境組織犯罪防止条約の国内法のためだというのが法務省の説明だ。この条約は、マフィアなどの国境を越える組織犯罪集団の犯罪を効果的に防止することを目的に起草された。

しかし、法務省が準備中の法案は、この条約の求める範囲をはるかに超える広範なものとなっている。条約の適用範囲は国境を越える組織犯罪集団の行為とされているが、法務省案には「越境性」の要件はない。また、単にサークルや会社といった程度の「組織性」だけがあればよいこととされている。

共謀罪ができるとどんな事態が起こるのだろうか。Aと知り合いのBがCをやっつけようと合意したとする。AとBにはこの段階で傷害の共謀罪が成立する。Bがこの会話の録音テープを持って警察に出頭すればBは刑を減免され、Aは、何の準備も始めていなくても逮捕され、三年以上の懲役刑に処せられることとなる。Aがこの会話は単なる冗談であったと主張しても、Bが検察官側の証人として法廷に出廷して、「Aは真剣でした」と証言すればおそらくその主張は認められないだろう。

このように、共謀罪のもとでは、犯罪はなにか他人の利益を現実に侵害することというよりも、人が「悪い意思」を持つことそのものが犯罪とされてしまうのだ。「組織犯罪対策」の名の下に、ほとんどの国民がまったく気づかない間に、処罰の範囲を革命的に拡大するような刑法の全面改悪が実行されようとしているのだ。

いま、ほとんどの街の主な街灯に監視カメラが設置され始めている。このカメラに顔認識システムと高性能マイクが連動したら、どうなるだろうか。『マイノリティ・リポート』でも、日常生活で目の虹彩を認識されることから逃れるため、クルーズが眼球を交換する場面があった。このような管理社会は現実になりつつある。警察が市民生活の隅々にまで入り込み、密告が奨励されるような未来社会にあなたは生きたいだろうか。「共謀罪」を導入する法案は一月開会の通常国会に提出される予定だ。それがいやなら、いますぐに共謀罪に「ノー」の声を上げよう。［初掲「週刊金曜日」］

（かいと・ゆういち　弁護士）

第二章

「治安」という魔術

犯罪は本当に増えているのか？

——刑法重罰化を考える

大山　武

昨年一二月一日、参議院本会議において「刑法等の一部を改正する法律」が自民、公明、民主の賛成多数で可決・成立した。この法律は、有期刑の法定刑の上限をそれまでの一五年から二〇年へ、再犯や併合罪など加重事由がある場合の有期刑の絶対的上限をそれまでの二〇年から三〇年へと引き上げると同時に、殺人・傷害・強姦など主要な犯罪について個別的にも法定刑を引き上げた。また、法定刑の長期が一五年以上に当たる罪について公訴時効期間を最長二五年にまで延長した。この法律によって直接に法定刑が引き上げられた罪は百数十罪に及ぶ。

これはまさに、一九〇七年に現行刑法典が制定されて以来、百年ぶりの「刑法大改正」であった。にもかかわらず、昨年二月一〇日の法制審議会総会への諮問直前まで改正要綱が公表されず、法制審でもたった五回、実質一二時間程度の部会審議だけで答申がなされた。一一月二日に国会で審議入りした後も、衆議院法務委員会で実質三日、参議院法務委員会で実質一日の質疑があっただけで、学者やマスコミも含めて十分な議論もないままに成立した。社民党、共産党が反対し、衆参両院の法務委員会で民主党委員から批判的質問が続出したものの、終わって見れば異例のスピード通過であった。この法律が成立後一か月足らずの一月一日から施行されたのも異例の早さであった。

このように拙速な「刑法大改正」がまかり通ってしまった最大の要因は、ここ数年声高に叫ばれている「犯罪の激増」「治安の危機」という認識が、市民の間にも相当深く浸透してしまっている現実にある。

しかし、日本の犯罪情勢に関するこのような認識は本当に正しいのであろうか？　また、刑法重罰化は本当に犯罪を減少させ、われわれの社会を住みやすくしてくれるのであろうか？　刑罰に信仰ともいえる過大な期待を抱きがちな司法関係者や一部の刑法学者は、これを肯定している。[注1]他方、犯罪学者の多くは、日本の治安は悪化しておらず、重罰化は刑務所人口を増加させるだけで犯罪抑止効果はないと答えている。[注2]これらの論考も参照しながら、いずれの主張が妥当なのか改めて検証してみよう。

［注1］例えば、最近の論考として、雑誌『法律のひろば』二〇〇五年一月号「犯罪増加と矯正施設の過剰収容」（都立大学・前田雅英）。同じ著者の『日本の治安は再生できるか』（二〇

〇三年六月、ちくま新書)、『少年犯罪』(二〇〇〇年一〇月、東大出版会)。
[注2] 例えば、最近の論考として、雑誌『世界』二〇〇五年三月号「『治安悪化』と刑事政策の転換」(龍谷大学・浜井浩一)。同じ著者の『矯正講座二三』「過剰収容の本当の意味」(二〇〇二年、龍谷大学)、『被害者学研究一三号』(二〇〇三年三月、日本被害者学会)。『安全神話崩壊のパラドックス』(桐蔭横浜大学・河合幹雄、二〇〇四年八月、岩波書店)。

二〇〇一年版以降の『犯罪白書』の変化

かつて「世界一安全な国」と自他ともに認めていた日本の安全神話が揺らぎだしたのは、刑務所の収容率が戦後初めて一〇〇%を超え「過剰収容」時代に突入した二〇〇〇年くらいからであろうか。日本の刑務所・拘置所の被収容者数(以下「刑務所人口」と略す)は戦後混乱期を除いてほぼ五万人以下で推移してきたが、一九九三年を底に徐々に増加し九五年頃から増加の速度を速めていた。二〇〇〇年以降も増加の勢いは止まらず、二〇〇三年の一日平均収容人員は七一、八八九人に達した。

過剰収容の事実は矯正関係者や人権団体の間では早くから注目され、深刻に受け止められた。しかし、それは矯正をめぐる環境悪化への懸念からであり、また過剰収容の原因についても犯罪の増加というより社会の厳罰化志向によるものという受け止めが一般的であった。安全神話に壊滅的打撃を与え「治安の危機」意識を醸成するのに大きな役割を果たしたのは、二〇〇一年版以降の『犯罪白書』である。従来Ｂ５判多色刷だった『犯罪白書』はこの年からＡ４判フルカラーになり、ＣＤ‐ＲＯＭ付きで図版と資料も充実した。体裁だけなく内容も微妙に変化した。【表１】は最近二〇年間の『犯罪白書』の副題（特集）の一覧表である。従来は年毎に多角的にテーマ設定し、記述も客観的だったが、〇一年版からは明確に政策に沿ったテーマ設定へと変化してきた。

〇一年版では「増加する犯罪と犯罪者」とそのものズバリの政策的副題を掲げ、「犯罪

表1　『犯罪白書』の副題

年度	副題（特集）
85年	再犯防止と市民参加
86年	犯罪被害の原因と対策
87年	犯罪及び犯罪者処遇についての国民の意識
88年	犯罪を繰り返す人々の実態と対策
89年	昭和の刑事政策
90年	少年非行と非行少年の処遇
91年	高齢化社会と犯罪
92年	女子と犯罪
93年	交通犯罪の現状と対策
94年	犯罪と犯罪者の国際化
95年	薬物犯罪の現状と対策
96年	凶悪犯罪の現状と対策
97年	日本国憲法施行50年の刑事政策
98年	少年非行の動向と非行少年の処遇
99年	犯罪被害者と刑事司法
00年	経済犯罪の現状と対策
01年	増加する犯罪と犯罪者
02年	暴力的色彩の強い犯罪の現状と動向
03年	変貌する凶悪犯罪とその対策
04年	犯罪者の処遇

の認知件数が激増し、治安の悪化が憂慮される事態になってきた」と初めて明言した。〇二年版では「暴力的色彩の強い犯罪の現状と動向」を特集し、「検挙率が戦後初めて二〇％を下回った」と分析なしに語り、「こうした犯罪情勢を背景にいわゆる体感治安は深刻化し、我が国の治安に対する国民の不安の念も強まりつつあるように思われる」と述べた。その結果、それまでほとんど使われることのなかった「体感治安」なる耳慣れない非科学的用語が一般に広まった。「治安に対する国民の不安」が広まったのは、まさに〇二年版『犯罪白書』の反響によってであった。〇三年版（同年一二月一〇日発行）では「変貌する凶悪犯罪とその対策」を特集した。これは、翌〇四年二月から始まる「刑法改正」（「凶悪・重大犯罪」の重罰化を内容とする）の動きを直接支援するものであった。

「検挙率一九・八％」のインパクト

特にインパクトが大きかったのは、〇二年版『犯罪白書』が、〇一年の一般刑法犯[注3]の検挙率が一九・八％に落ち込んだと伝えたことであった。〇二年版『犯罪白書』が閣議で了承された二〇〇二年一一月一九日、マスコミ各社は一斉にこの「検挙率一九・八％」の数字を諸外国と最下位を争うものとして報道した。少なくとも見出しだけを見る限り、多くの人が安全神話の崩壊を確信し「治安の危機」と感じたとしても無理はない。

［注３］ 特別法に規定された犯罪に対して、刑法典に規定された犯罪（及びそれに準じた「自然犯」的性質を持つ犯罪）を「刑法犯」という（どこまでを刑法犯に含めるかは、法務・検察と警察で若干異なる）。「刑法犯」から交通関係の業務上過失致死傷を除いたものを「一般刑法犯」という。交通関係業過は件数も多く犯罪性が希薄なうえ交通事情や規制方針による変化が激しいので、これを除外した「一般刑法犯」が犯罪情勢を分析する指標として使われる。

しかし、この数字は客観的な警察力の不足や捜査能力の低下を反映するものでは全くなく、きわめてミスリーディングである。まず第一に、一般刑法犯の八〇％以上を占める窃盗は件数が桁違いに多いうえ一人が何件も犯しているのが普通で、もともと他の犯罪と比較して検挙率は低い。一般刑法犯から窃盗を除いただけで検挙率は四四・二％に跳ね上がる（ちなみに、二〇〇三年はそれぞれ二三・二％と三八・七％である）。

第二に、そもそも検挙率とは検挙件数を犯罪認知件数で割ったものであるから、検挙件数に変化がなくても分母である認知件数が増えれば、それに反比例して低下する。ところで、犯罪認知件数とは捜査機関が被害届けなどによって犯罪として認知した件数であり、実際に犯罪が起きても申告されなかったり、警察が民事事件として介入を控えたり、微罪処分にすら値しないとして受理しなかった事件は、認知件数に入れられない。実際の犯罪発生件数と警察統計で把握される犯罪認知件数との差を「暗数」というが、ほとんどの犯罪に膨大な暗数があると推測される。このことは窃盗や痴漢、賭博など身近な犯罪を思い浮かべてみれば明らかであろう。暗数が少ないと言われる殺人や強盗でさえ、殺人未遂か傷害か、強盗か恐喝か窃盗（プラス暴行）か、という境界線上に暗数が潜む。膨大な暗数が存在するということは、裏を返せば、捜査機関の立件姿勢が変化すれば犯罪の実数に変動がなくても認知件数は変化しうるということである。これは理論の上だけの極端な想定のように思えるかもしれない。しかし、まさにこれを絵に描いたような現象が二〇〇〇年に起きたのである。

検挙率急落の本当の理由──「二〇〇〇年ジャンプ」問題

二〇〇一年版『犯罪白書』が「増加する犯罪と犯罪者」を特集したのはそれなりの根拠があった。一九九九年末から二〇〇〇年末の一年間に主要な犯罪の認知件数が一斉に急増し、これに反比例して検挙率が急落したからである。この極めて特徴的な現象を私たちは「二〇〇〇年ジャンプ」問題と呼んでいる。『犯罪白書』や「治安の危機」論者の誤りは、自覚的にか無自覚にかこれを客観的な犯罪増加傾向と受け止め、警察力の相対的不足・治

図1

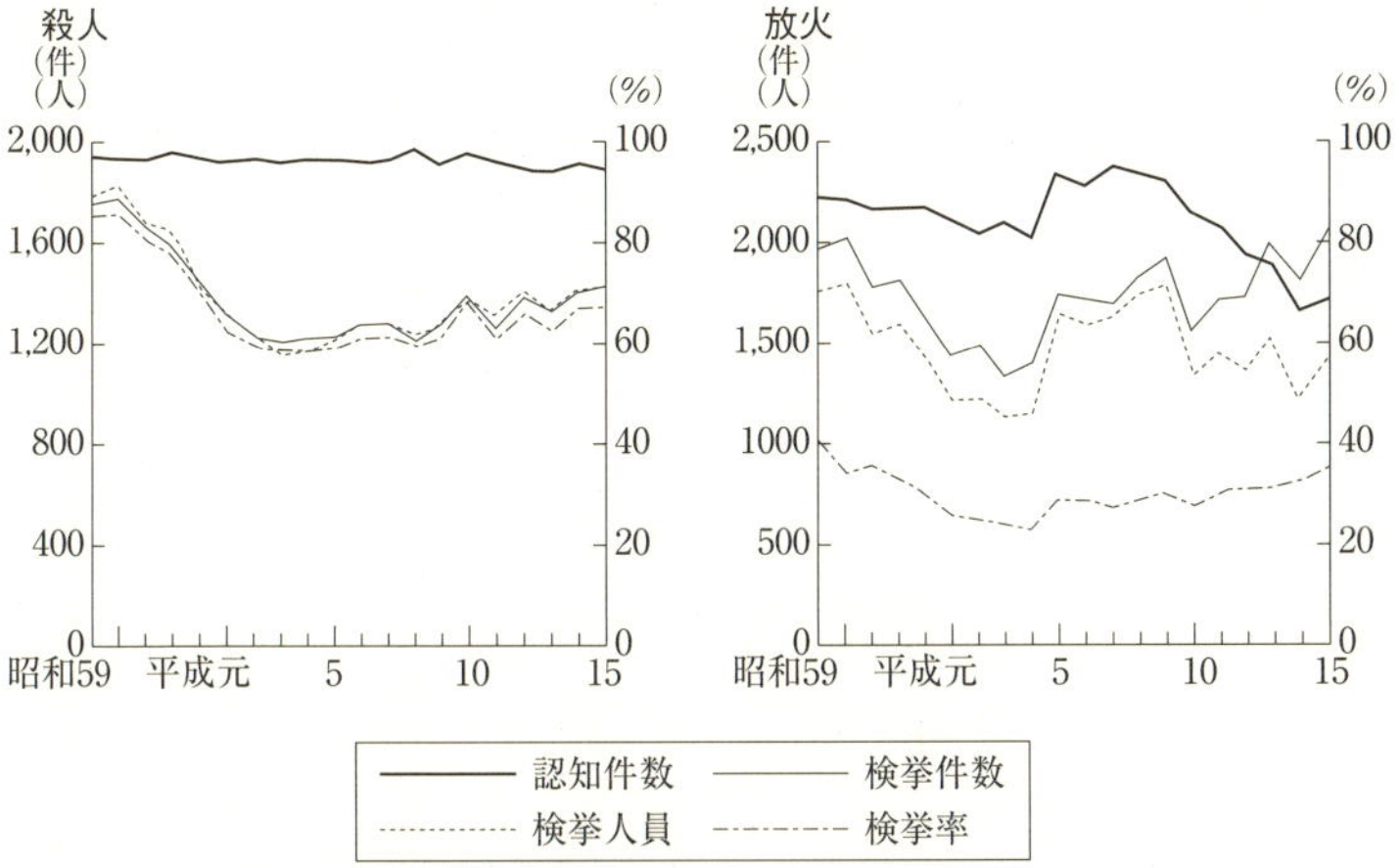

出典：2004年版『犯罪白書』より

安の危機と受け止めたことにある。しかし、「二〇〇〇年ジャンプ」は自然増加と言うには余りにも不自然であり、私たちはこれを、警察の立件姿勢の変化によって暗数が顕在化したものにすぎないと見る。犯罪は見かけほど増えてはおらず、検挙率の見かけ上の低下は警察力の弱体化や捜査能力の低下を意味するものではないと見る。

【図1】から【図5】は最近二〇年間の主要な犯罪についての認知件数・検挙人員・検挙率のグラフを、特徴的なパターンに沿ってグループ分けしたものである。これを見れば、「二〇〇〇年ジャンプ」の不自然さ、ジャンプの原因、検挙率急落のメカニズムが一目瞭然であろう。

(一) 認知件数に急激な変化がなく、検挙率も高水準を維持しているグループ(図1)

殺人、放火、略取・誘拐がこのグループに属する。いわゆる凶悪犯(これも法務・検察と警察では範囲が違う)の多くは検挙率が低下していないのである。警察統計でいう凶悪犯のうち検挙率が低下しているのは、強盗と強姦であるが、その理由は後述する。

(二) 認知件数が急増し、検挙率が急落したグループ(図2)

傷害・暴行・脅迫・恐喝などのいわゆる粗暴犯のすべて、強姦・強制わいせつ・公然わいせつなどの性犯罪、住居侵入・器物損壊などである。これらは認知件数が二〇〇〇年以降に異常なまでに急増し、それに反比例して検挙率が急落している。たった一年の違いでこれほど急激に、かつ性質の違う犯罪で一斉に犯罪件数が増加するとは考えられない。

実は、これらはいずれも警察の取締りが特に強化されている犯罪である。粗暴犯や性犯罪の認知件数が二〇〇〇年以降に急増したのは、一九九〇年代末からの被害者運動を無視できなくなったこと、一九九九年に発生した桶川ストーカー殺人事件や栃木リンチ殺人事件などを契機に警察の立件姿勢に対する批判が高まったこと、これらを背景に警察が事件の受理を積極化させたことによると考えられる。

この頃から警察の事件処理や告訴・告発に対する対応が大きく変化する。二〇〇〇年三月四日には「犯罪等による被害未然防止活動について」(警察庁次長依命通達)により、

図 2

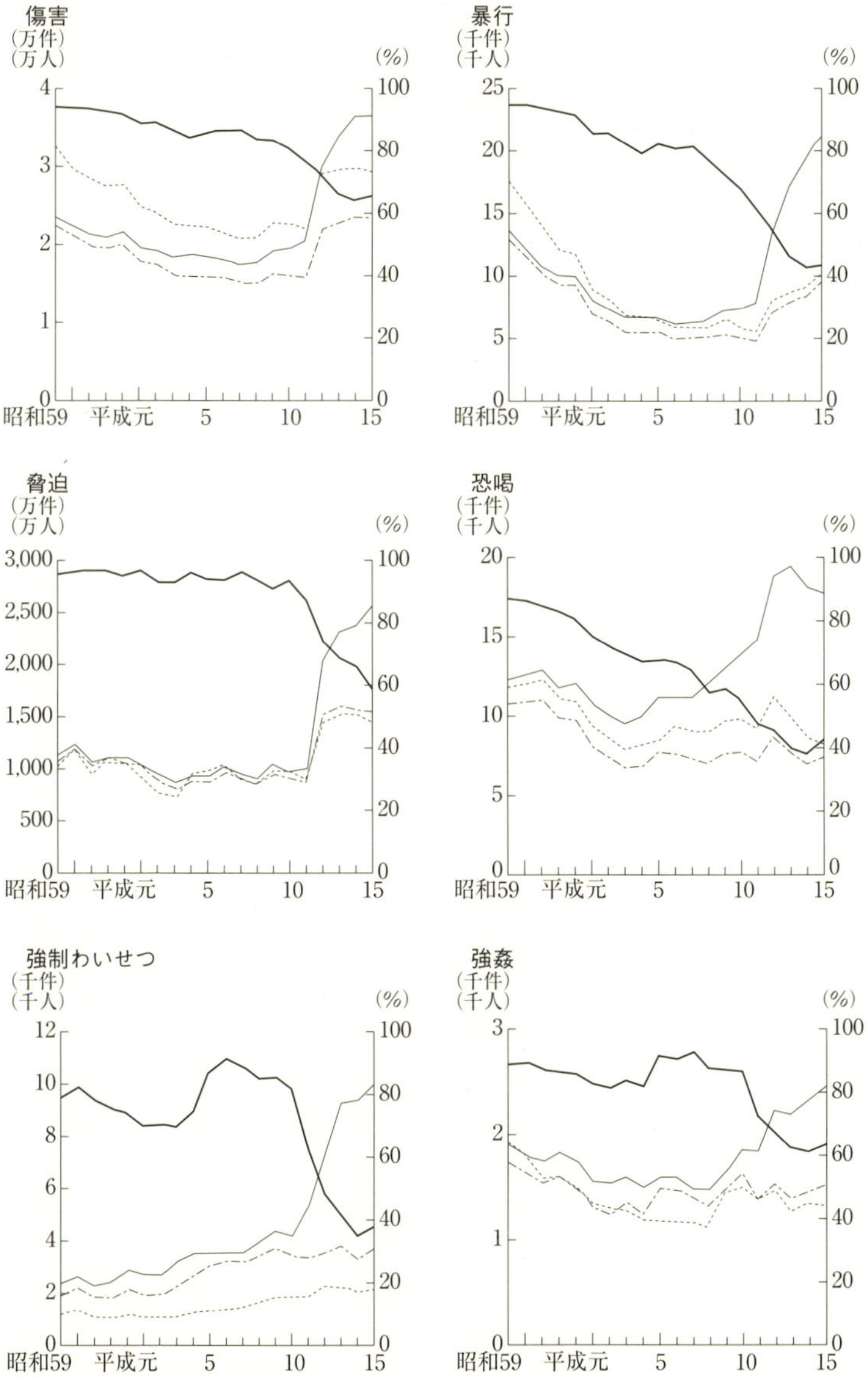

出典：2004年版『犯罪白書』より

図3

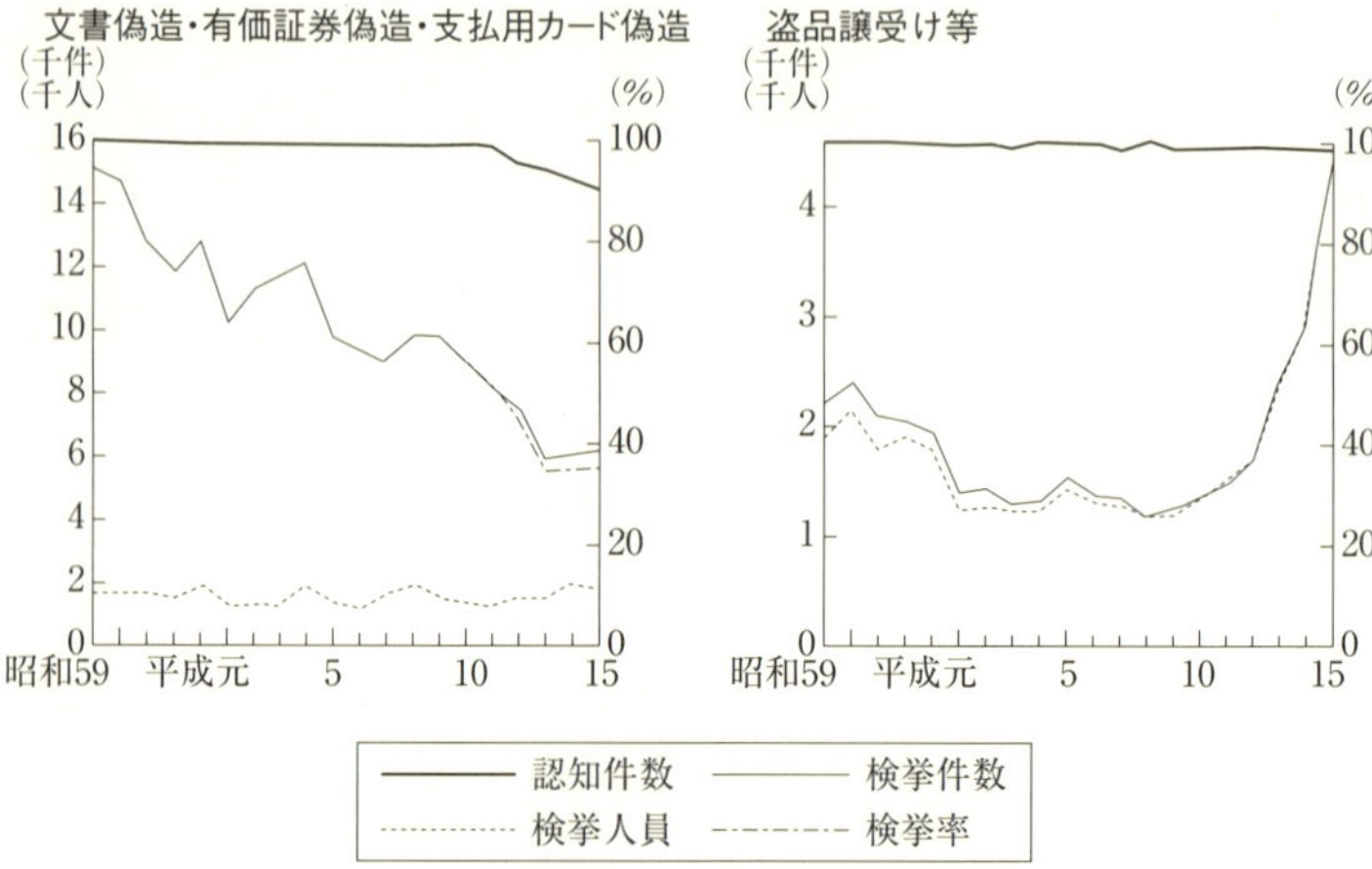

出典：2004年版『犯罪白書』より

告訴・告発を含む困りごと相談体制の強化が指示された。同年四月には「告訴・告発の受理・処理の適正化と体制強化について」（警察庁刑事局長通達）が出されている。同年、ストーカー防止法と児童虐待防止法が成立している。

これらによって、従来は「民事不介入の原則」によって立件されなかった男女関係のもつれや家族問題に関する訴えも原則受理の方向で立件されるようになった。さらに痴漢被害相談のポスターに見られるように、犯罪被害の申告を警察の側から積極的に呼びかけるようになった。このような変化は、主に生命身体に害を与える可能性のある犯罪について顕著である。このような事件受理の傾向は器物

図4

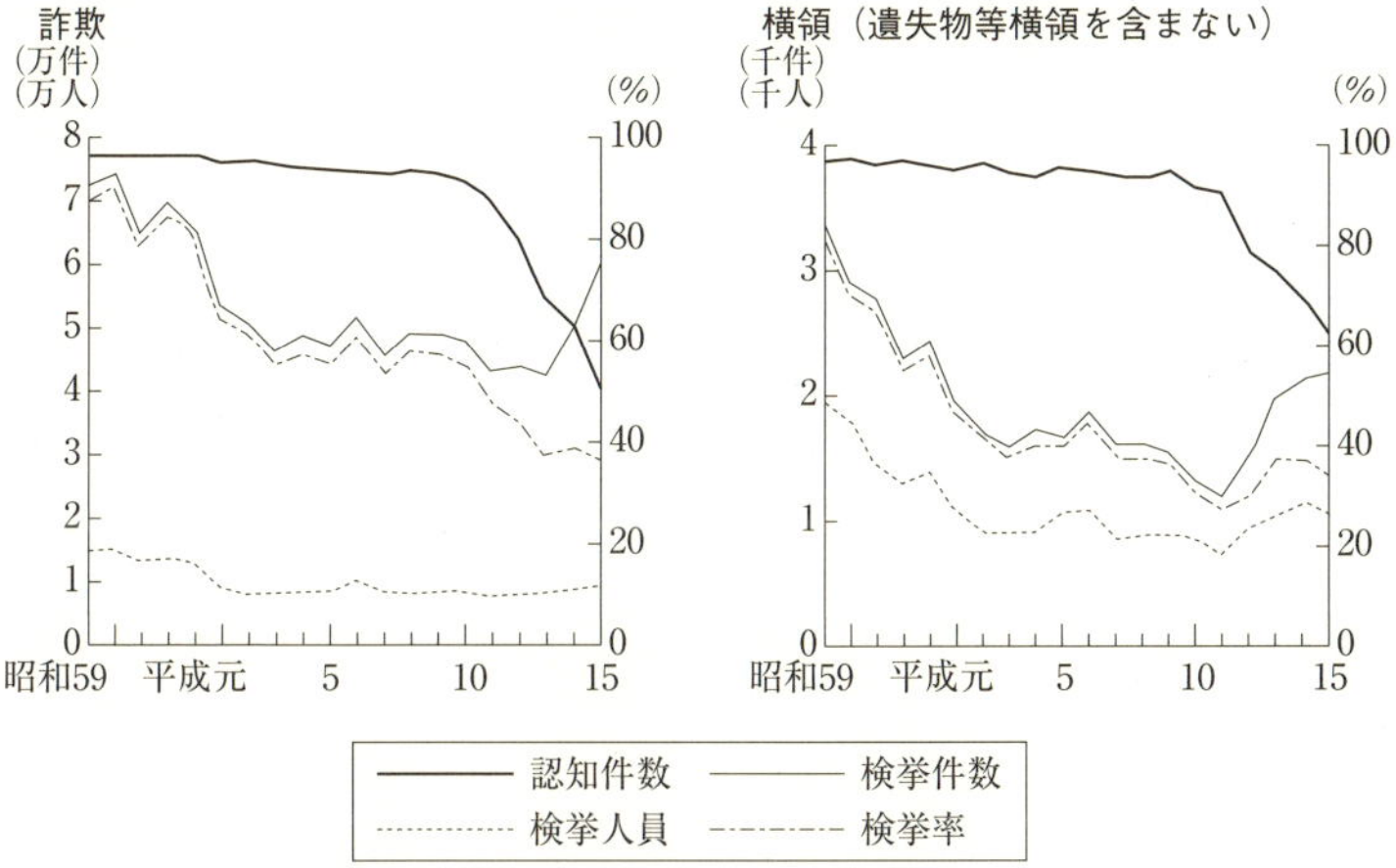

出典：2004年版『犯罪白書』より

損壊や住居侵入にも当てはまる。

(三) 検挙率が常に一〇〇%に近いグループ（図3）

遺失物横領、盗品譲受け等、文書偽造、わいせつ物頒布等、賭博・富くじなどである。これらには膨大な暗数があることを誰もが知っている。賭けマージャンや落し物のネコババが一〇〇%検挙されているとは誰も信じない。にもかかわらず検挙率が一〇〇%に近いのは、検挙された事件しか認知件数に入れられないからである。覚せい剤違反をはじめとする特別法犯のほとんども、この認知即検挙・検挙即認知の類型に属する。

実は、日本の警察が高い検挙率を誇り、「世界一治安のよい国」と豪語していた

図5

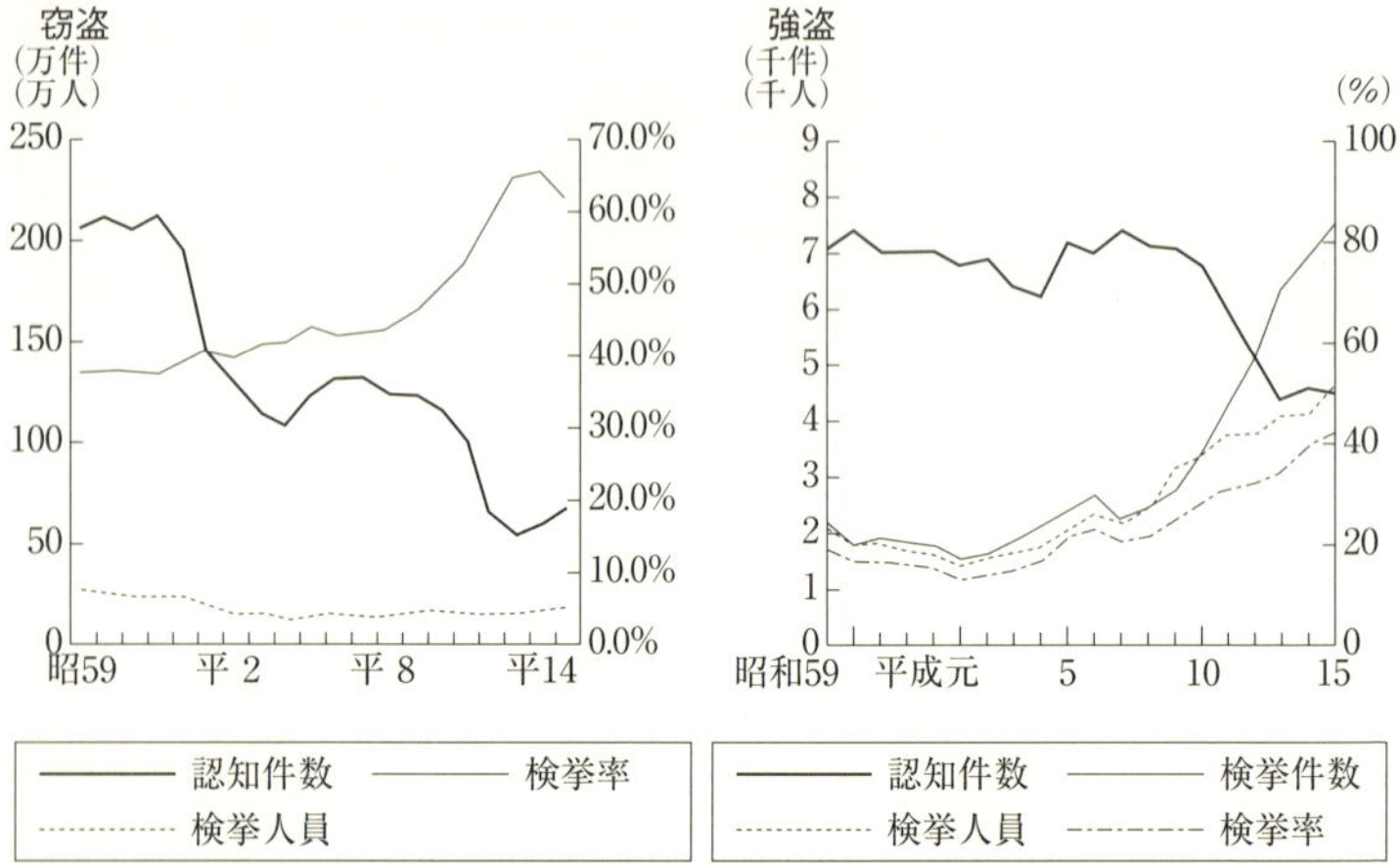

出典：2004年版『犯罪白書』より作成　　出典：2004年版『犯罪白書』より

時代には、現在（二）のグループに属している犯罪についても、多かれ少なかれ似たような処理がなされていたと推測される。すなわち、軽微で捜査価値がないと判断した事件を受理しない「前さばき」や、最初から検挙可能か疑問がある事件については、被害申告があっても受理しないでおいて、内偵によって検挙の見込がついた時点ではじめて公式に認知し確実に検挙するというパターンである。現に、（二）のグループも一〇年前二〇年前には軒並み一〇〇%に近い検挙率を記録していることが分かる。

（四）認知件数、検挙件数、検挙率がともに低下したグループ（図4）

最近こそ「オレオレ詐欺」が流行で事

情が変化しているが、〇二年までの詐欺がその典型である。横領はこれと（二）のグループとの中間的なパターンを示している。このグループの検挙率低下の原因は、警察等の捜査が人身事件や重要な窃盗事件にシフトした結果であると考えられる。

（五）窃盗、強盗（図5）

窃盗は一般刑法犯の八六％を占める犯罪の中の犯罪であるが、少々複雑な動きをしている。窃盗についても（二）のグループと同様に暗数の顕在化も少なくないと考えられるが、（二）のグループほどに明確なジャンプは見られない。これは、粗暴犯や性犯罪に比べて、被害者側からも警察側からも事件掘り起こしの動因が少ないのかもしれない。窃盗については完全失業率との強い相関関係が知られており、完全失業率が上昇に転じた一九七〇年代半ば以降の経済状況を反映して、実際に自然増加している面もあるように思われる。もっとも、増加したのは乗物盗（自転車盗、バイク盗、車上狙い等）や非侵入盗（万引き等）であって、決して窃盗犯が凶悪化しているとは言えない。

窃盗の検挙率もかなり低下しているが、これは認知件数の増加による必然的な低下のほか、警察の捜査が人身犯罪など他の重要事件にシフトした結果、余罪捜査に手が回らなった結果とも考えられる。窃盗はもともと一人が何件も起こすもので、犯人が検挙されていても余罪が未解決のまま残されれば、その分検挙率は低下する。検挙人員が低下していないことも、この推測を裏付ける。

強盗も窃盗以上に複雑な動きをしているが、基本的には窃盗と同様に経済的要因による自然増加と暗数の顕在化の複合パターンと言えよう。従来、強盗は殺人以上に暗数の少ない犯罪と言われてきた。しかし、引ったくりを窃盗で起訴するか強盗で起訴するか、路上で集団で取り囲む「おやじ狩り」を恐喝で起訴するか強盗で起訴するか、窃盗犯が人を突き飛ばして逃げた場合を窃盗プラス暴行で起訴するか事後強盗で起訴するかなど、捜査機関に裁量の余地がある。実際にも、厳罰化志向の強まりに伴って、従来前者で起訴していたケースが後者で起訴される場合が増えているように思われる。さらに詳細なデータによる分析が必要である。

客観的事実と犯罪不安のギャップ

以上見てきたように、犯罪統計を仔細に分析すれば、日本の犯罪情勢はそれほど悪化してはいないことが分かる。各国で犯罪の構成要件が異なるなかで、犯罪統計を単純に国際比較するのは危険であるが、〇四年版『犯罪白書』のデータによっても、日本の犯罪発生率が諸外国と比較して相当低い水準にあるといえる【図6】。

図６

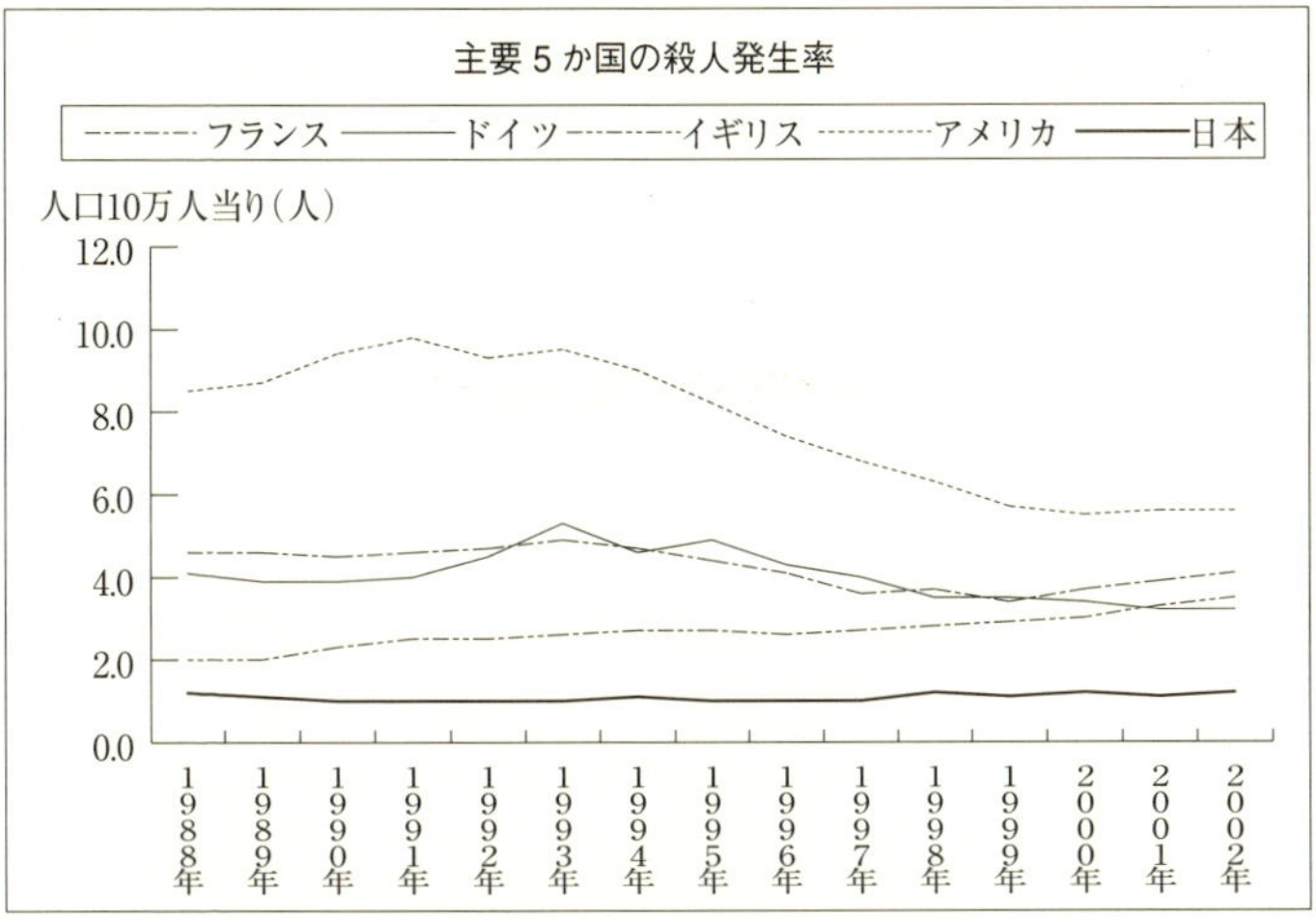

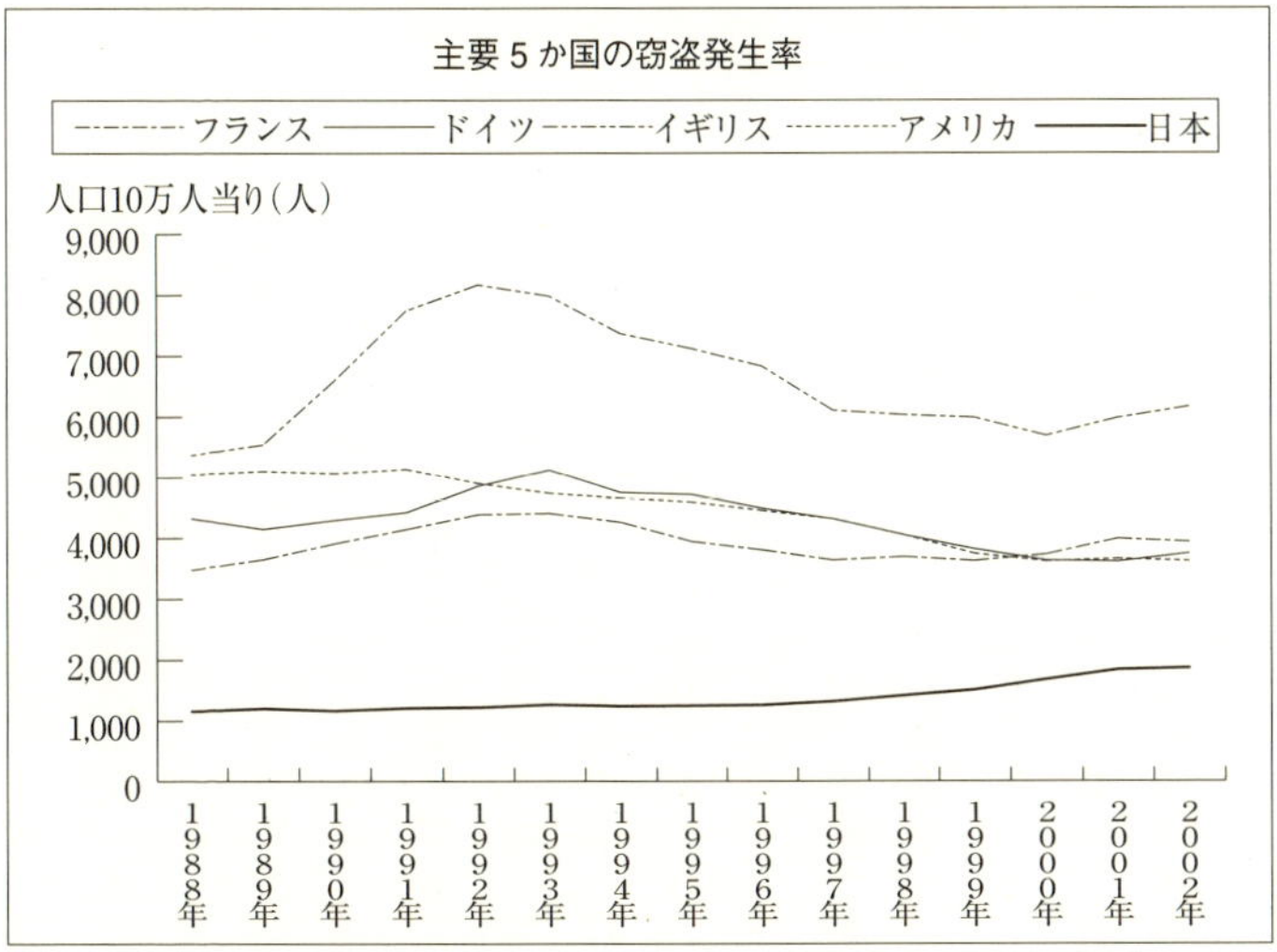

出典：2004年版『犯罪白書』より作成

図７　犯罪不安と被害率との関連（国別）

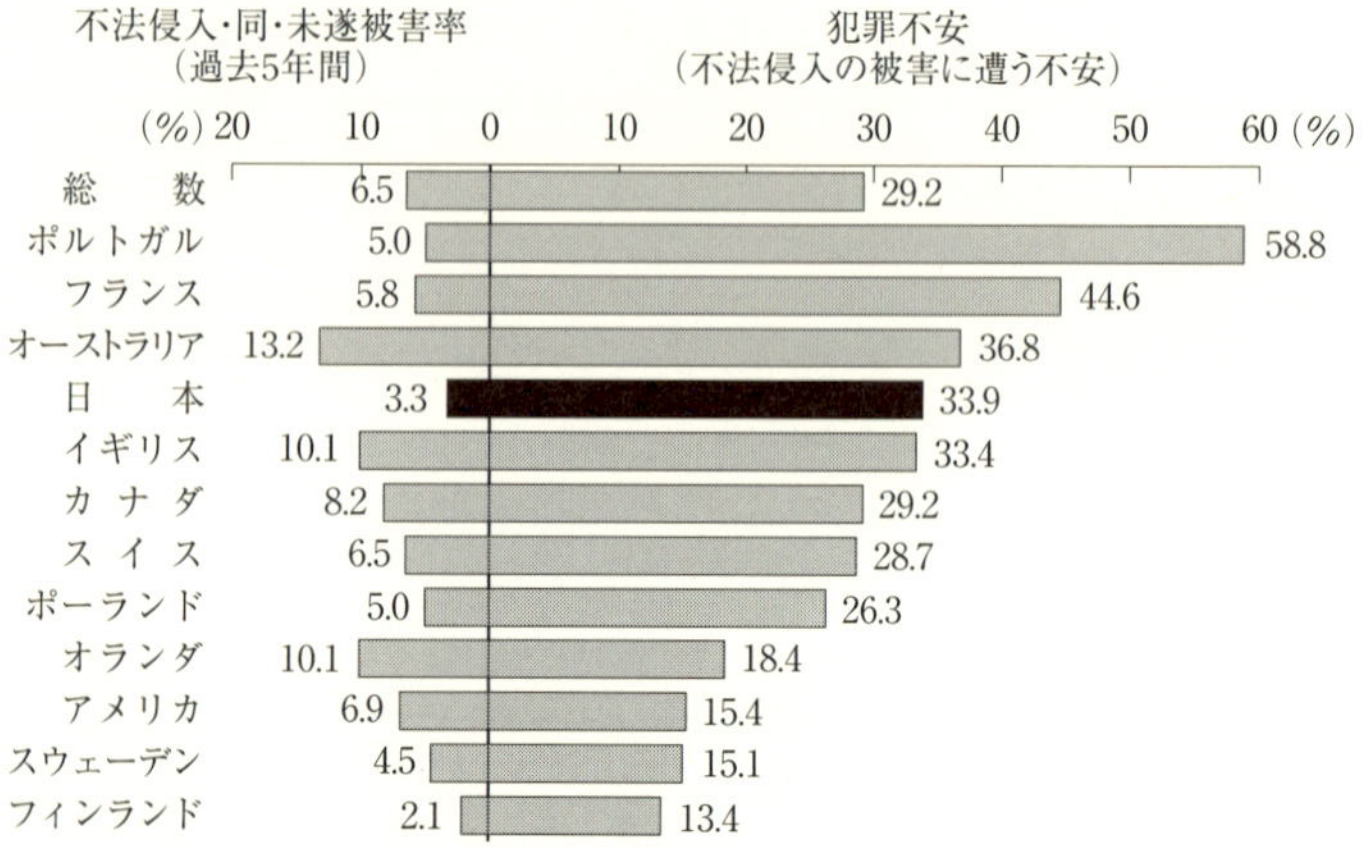

注：１「犯罪不安」は、「非常にあり得る」「あり得る」を合計した比率による。
　　２「犯罪不安」において、比率の高い順に並べかえている。
出典：「法務総合研究所研究部報告18」

にもかかわらず、現代日本では犯罪不安だけが一人歩きしているように見える。【図７】は二〇〇〇年に実施された第四回国際犯罪被害実態調査［注４］の結果をまとめた資料の一部である。これを見ると、安全神話が崩壊する以前の一九九九年の時点ですら、日本人は客観的な被害率とは不釣合いなほど高い犯罪不安を抱いていたことが分かる。このギャップは一体何を意味するのか。犯罪不安は客観的な犯罪発生率の反映などではなく、全く別の原因から生じることを示してはいないか。それは、社会経済の先行きへの不安や価値基準の動揺、一言で言えばモラル・パニックとも言うべきものであろう。

［注４］「犯罪被害調査」とは、警察統計では不可避な暗数問題を解決するための統計手法として開発されたもので、住民から自己が体験した犯罪被害について直接聴き取る方法である。諸外国では警察統計の認知件数はむしろ副次的で、被害調査の方が重視されている。「国際犯罪被害実態調査（ＩＣＶＳ）」は一九八九年にオランダ司法省が初めて実施し、二〇〇〇年の第四回調査は国連犯罪司法研究所の監督下に約五〇の国と地域が参加して行われた。日本もその一環として九九年に「第一回犯罪被害実態（暗数）調査」を行った。

犯罪不安と厳罰化の悪循環の行きつく先

モラル・パニックに基づく犯罪不安は厳罰化志向を生む。厳罰化政策はすでに見たようなメカニズムで刑務所人口の増加や犯罪認知件数の上昇、検挙率の低下の仮象を作り出す。それがまた犯罪不安を煽る。日本において現在進行中の事態は、まさにこれである。こうして厳罰化と犯罪不安の悪循環の果てに行き着く先は、高収容社会であり、牢獄国家である。

アメリカでは一九七〇年代半ばに「治療モデル」と呼ばれる刑事政策（社会復帰重視と

図８　アメリカの犯罪認知件数と受刑者数

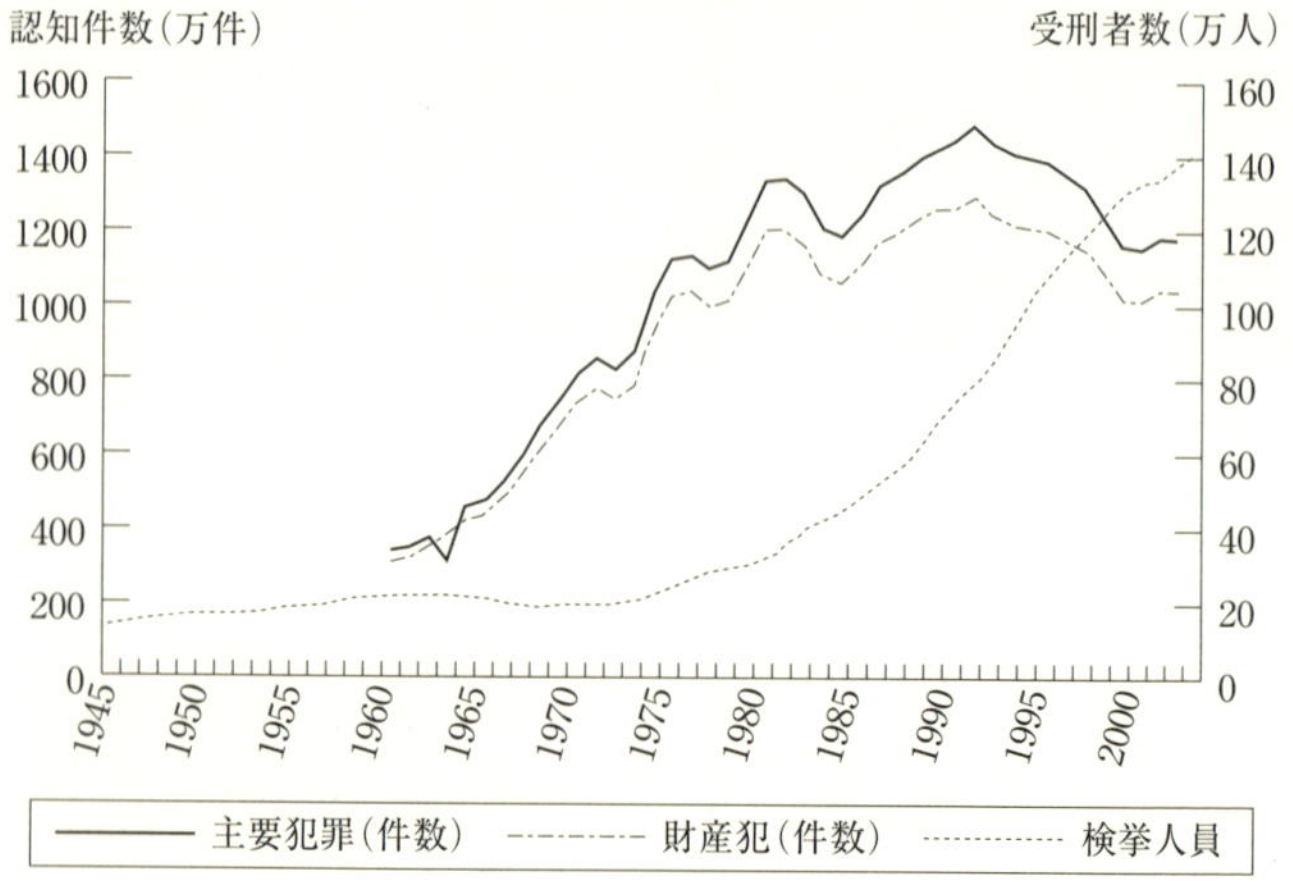

出典：アメリカ司法省とFBIの資料より作成

過度の介入という功罪両面を持つ）を捨て、「公正モデル」（法に従って拘禁するだけ）とか「無害化政策」（拘禁している間は犯罪を犯せない）と呼ばれる拘禁重視の刑事政策に転換し、「麻薬戦争」（日本でいえば覚せい剤重罰化）、「必要的量刑」（量刑の最低限を法定する）、「三振アウト法」（重罪を二回犯せば三回目はパン一切れを盗んでも終身刑）と重罰化政策を進めてきた。その結果、アメリカの刑務所人口（未決・受刑者を含む）はこの三〇年間に二〇万人から二〇〇万人へと一〇倍に増え、保護観察も含めれば六〇〇万人が何らかの司法的監視下にある。この間、アメリカの犯罪発生率は一九九〇年頃からようやく減り始めたものの、厳罰化政策が効を奏したとは評価されていない。犯罪発生率の低下にもかかわらず、刑務所人口の増加はその後も続いており、膨大な社会的コストに悩まされている【図8】。ヨーロッパ各国も一時期、刑務所人口の増加に直面したが、各国とも刑務所人口を抑制する方向でこれを克服しており、アメリカの厳罰化政策は刑事政策としては完全な失敗と評価されている。

犯罪と刑罰をめぐるここ数年の日本社会の動きは、犯罪不安と厳罰化の悪循環から高収容社会への道を歩んだアメリカの轍を踏んでいるように思えてならない。今こそ根拠のない犯罪不安にではなく、事実に立脚した刑事政策に転換することが求められている。

（おおやま・たけし　統一獄中者組合獄外事務局）

コラム

誰と戦うべきなのだろうか

白井佳夫

日本国憲法の第二十一条は、「集会、結社及び言論、出版その他一切の表現の自由は、これを保証する」ということを定め、「検閲は、これをしてはならない」と定めている。しかし、それは本当なのだろうか?

検閲官がいないはずの社会なのに、私たち日本人の言論や表現の自由は、今やがんじがらめに規制され縛られて、とめどもなく不自由になり始めている。それどころか、日本を「天皇を中心とする神の国」にして、「防衛庁を国防省に格上げ」し、そう遠くない時期に「国民皆兵の徴兵制度」までが、復活しかねないような怪しい雲行きである。

時代が、とめどもなく暗い方向に、どんどんどんどん、動き始めている。一九三二(昭和七)年生まれで、敗戦の年に中学一年生で、日本がファシズム体制に移行していく時代を知っている、最後尾の世代である私のような人間には、心配でならない。

「今はちょうど、あの頃のような時代」どころではない。あの頃の時代にだって、もっと声高にイヤな時代の進行に抗議し、抵抗する人たちが、少数だがいたのである。それが、今はなすところなく、すべての事がのっぴきならぬ形で動いていってしまっている、という気がする。

高度の管理型の資本主義社会のシステムの中で、無気力な平和と見せかけの物質的な豊かさと引きかえに、私たち日本人一人一人は、孤立させられ心を不安定にさせられて、言うべきことを言わず、やるべきことをやらなくなってしまっている、という自覚が私にはある。

「こんなことを言うと、職場で浮きあがってしまうのではないか?」「こんなことをやると、近所の人たちから変な目で見られるのではないか？」「こんな風にすると、ＰＴＡの会合で異端視されてしまうのではないか？」

といった風に、私たちは今やとめどもなく、自己規制をし、あたりの空気をうかがって、他の大多数の人たちの動きに、自分を合わせようとばかり、しはじめている。いわば「自分自身という検閲官」の声に従って、「自己検閲」をはじめてしまっているのである。「検閲官という他人が強制してくる規制」に対してなら、まだしも抵抗のしようがあるのだが、この「自分自身という検閲官」のおこなう「自己検閲」はなかなかに手ごわい。抵抗のしようがないほど、しぶとい。

そんな「自己検閲」をしている人間が、何千万人もの集団を作っているのが、今の日本の、「たてまえは民主主義、実質は歪みねじ曲がった、奇妙なファシズムの時代」というものなのではないであろうか。

この「検閲官」は、メーデーに赤いハチマキを巻いて人と肩を組み、「インターナショナル」を合唱しデモ行進をするようなやりかたでは、とても押し返せまい。私たち日本人の一人一人が、自分自身の生活範囲一メートル四方の中で、それぞれの「自己検閲」というものを、力のかぎり押し返す以外には、もはや道はないのである。

（しらい・よしお　映画評論家）

進む警察国家化

山下幸夫

はじめに

現在、共謀罪の新設を含む刑法等の一部改正案が審議入り間近という情勢であるが、ここ数年で、国民の人権や自由を制限するための刑事立法が、次々と成立させられるとともに、準備されている。この状況は、まさに、「警察国家」に向けた動きであると評価することができる。

そこで、以下では、近年の警察をめぐる動向を振り返りつつ、「警察国家」に向けた危険な動きを批判することにしたい。

一九九四年警察法改正と地方自治体による生活安全条例

一九九四年の警察法改正は、警察庁の内部部局を改編して、警務局を廃止し、生活安全局を新設するものであった。生活安全局は、これまでの刑事局の所掌事務のうち保安部の犯罪の予防・保安・警らに関する事務を引き継ぐとともに、その第一任務を、「犯罪、事故その他の事案に係る市民生活の安全と平穏に関すること」とした。その結果、警察が、環境・美観・福祉・教育などといった国民生活全般にわたる極めて広い領域に行政警察権限を拡大することになった。

警察庁の生活安全局は、町内会・自治会、防犯協会ならびに各種ボランティア団体などを動員して、安全なまちづくりを推進しようとしており、その中で生まれたのが、全国の約三分の一以上に当たる約一四〇〇以上もの市区町村で既に制定されている生活安全条例制定の動きである。

各地の生活安全条例の内容は多岐にわたっており、東京都千代田区の路上禁煙規定やチラシの散乱禁止規定、武蔵野市のつきまとい勧誘行為禁止規定などがあり、その他にも、監視カメラの設置規定が盛り込まれている条例もある。

生活安全条例は、それぞれの地域において、警察と住民とが緊密に連携する中で、生活の安全と安心を確保していこうという観点から設けられており、そこに通底しているのは、住民も地域の治安を守る責任を担い、地域の平和を乱そうとする異端者を排除していくという思想である。

このような条例が、全国の地方自治体において次々と制定されることによって、地域の「敵」から住民を守るという名目で住民の「連帯」を強める道具として巧みに利用されているのである。

今後も、まだ生活安全条例を持たない地方自治体に、このような条例を制定する動きが広がっていくだろう。全ての地方自治体にこの種の生活安全条例が制定された時、警察による住民の「支配」は見事に完成することになると思われるが、現在は着々とその完成に向かっている段階であると考えられる。

ピッキング防止法の制定

二〇〇三年六月、警察庁が所管するピッキング防止法（特殊開錠用具の所持の禁止等に関する法律）が、全会一致で国会において成立した。この法律は、近年の侵入盗の増加の中で特にピッキング用具を使用する侵入盗が増えていることを理由として、ピッキング用具等の正当な理由のない所持等を禁止して（ドライバー、バール等の指定侵入工具も同様とされている）、その違反行為に罰則（一年以下の懲役又は五〇万円以下の罰金）を設けるとともに、他方で、国家公安委員会に対して、錠前の製造・輸入業者やその取扱業者を管理・監督する強力な権限を付与すること等を内容とし、ここでも行政警察権限の拡大が図られている。

ピッキング防止法が禁止しようとする行為は、侵入による窃盗という犯罪行為の段階から見ると、それよりも遥かにずっと以前の段階で、その犯罪を予防するために処罰しようとしている。そもそも、窃盗行為から見れば、住居侵入行為はいわばその「予備」的な行為であるが、ピッキング用具等を所持している状態というのは、住居侵入の「予備」行為に当たるか、「予備」にも当たらない行為を、新たに犯罪として処罰するものである（現行法上、住居侵入の予備は罰せられない）。これは、「犯罪の防止」を掲げて、犯罪に至る前の行為を新たに犯罪化して処罰し、取り締まろうとするものであり、その発想は共謀罪の新設と同じだと言える。

それとともに、風俗営業等の規制及び業務の適正化等に関する法律（いわゆる風営法）を改正して公安委員会に強力な行政権限を付与したのと同様に、公安委員会に新たな権限を付与することによって、行政警察権限の拡張を図ろうとするものである。

ピッキング用具等の所持罪は、「業務その他の正当な理由がある場合を除いて」犯罪になると定められており、現場の警察官に「正当な理由」の判断を委ねている。そのため、警察官が、職務質問や所持品検査を実施して、ピッキング用具等を所持・携帯している市民を、とりあえずこの法律違反を理由に現行犯逮捕するなどして検挙することを可能にしている。将来、この法律の運用によっては、戦前の行政検束制度の復活を思わせる事態にもなりかねないものである。

緊急治安対策プログラムの策定

警察庁は、二〇〇三年八月、その年を「治安回復元年」と位置づけ、①犯罪抑止のための総合対策、②組織犯罪対策と来日外国人犯罪対策、③テロ対策とカウンターインテリジェンス（課報事案対策）、④サイバー犯罪及びサイバーテロ対策、⑤新たな政府目標の達成に向けた総合的な交通事故防止対策、⑥治安基盤の確立などの諸点を挙げた「緊急治安対策プログラム」を策定した。

警察庁は、「危険水域にある治安情勢の下、犯罪の増加の基調に早急に歯止めをかけ、国民の不安を解消するため、ここに、当面、緊急かつ重点的に取り組んでいく」課題として各種の対策を掲げ、その内容を今後三年以内に実現するものとし、その実現に向けて予算・増員・組織・法制等各般の検討を進めると宣言している。

なお、その後、これを受けて、各地方自治体の警察においても、同様の緊急治安対策プログラムを策定する動きが続いている。

犯罪対策閣僚会議による「犯罪防止のための行動計画」の策定

二〇〇三年九月には、有効で適切な犯罪対策を総合的かつ積極的に推進することを目的として、内閣の閣僚全員を構成員とし、内閣総理大臣を主宰者とする犯罪対策閣僚会議が発足した。

そして、同年一二月一八日に開催された第二回会合において、「犯罪に強い社会の実現のための行動計画」（以下、単に「犯罪防止行動計画」という）が決定された。

この内容は、警察庁が策定した「緊急治安対策プログラム」を基礎にしていると思われ、その内容や方向性は大変よく似ている。

犯罪防止行動計画は、その序文において、「今後五年間を目途に、国民の治安に対する不安感を解消し、犯罪の増勢に歯止めをかけ、治安の危機的状況を脱することを目標」とすることを掲げ、治安回復のためには、（１）国民が自らの安全を確保するための活動の支援、（２）犯罪の生じにくい社会環境の整備、（３）水際対策を始めとした各種犯罪対策が重要であるとして、五つの重点課題を設定し、一四八項目もの多岐にわたって、それぞれ具体的な課題を指摘している。

その中でも注目すべき点として、例えば、自動車ナンバー自動読取システムの整備活用、刑事手続における被害者対策の推進、インターネット上の有害コンテンツ対策の推進、不法滞在者の摘発強化と退去強制の効率化、国際捜査共助の充実化と条約締結の検討、組織犯罪の取締り強化と厳正な処分、サイバー犯罪条約の早期締結及び関連刑事法の整備等が挙げられている。

また、その中には、「効率的かつ効果的な組織犯罪情報の収集や、組織の中枢に至る摘発の徹底を図るため、組織犯罪に対し、あらゆる捜査手法等を積極的に活用するとともに、通信傍受、おとり捜査、コントロールド・デリバリー、潜入捜査等の高度な捜査技術・捜査手法、犯罪収益規制の拡大を具体的に研究し、その導入・活用に向けた制度や捜査運営の在り方を検討する」との課題も挙げられており、盗聴やおとり捜査の活用や、我が国では認められていない潜入捜査（組織にスパイを入れる捜査手法のこと）の導入が示唆されている。

犯罪防止行動計画から読み取れるのは、小泉政権が、市民を相互に監視させるとともに、戦争反対を叫ぶような市民運動団体や労働組合に対しては、警察が「捜査」の名の下に、盗聴やおとり捜査や潜入捜査を行い、場合によっては共謀罪として予防拘束していくという戦前の治安維持法体制下と同じような強力な弾圧ができる国家体制の構築を目指そうとしているということである。

二〇〇四年警察法改正による中央集権化の完成

二〇〇四年二月、政府は警察法改正案を提出し、同年三月末に、全会一致で国会において成立した。

今回の警察法改正は、一九九四年の改正以来の大規模なものであり、法制面の整備を図るとともに、組織を改編しようとするものである。

それは、有事立法の整備やイラクへの自衛隊派兵という新たな情勢を前提に、警察が有事体制に即応できる体制作りを行おうとするものであり、特に、テロ対策の領域に警察権限を拡大し、有事に対応できる警察法を目指すものである。

改正案の提案理由には、「国の治安責任の明確化」が挙げられており、そこには、治安を維持する責任を警察が主体的に担っていくという姿勢と決意がよく現れている。

それは、警察法五条二項六号ロに具体化されている。従来から規定されていた「全国の広範な区域において行われる個人の生命、身体及び財産並びに公共の安全と秩序を害し、又は害するおそれのある事案」への対処（同イ）に加えて、「国外において日本国民の生命、身体及び財産並びに日本国の重大な利益を害し、又は害するおそれのある事案」に対処することを国家公安委員会の所掌事務に追加している。

このうち、「日本国の重大な利益」とは、同号イの「公共の安全と秩序」とは違う概念として規定されている。そもそも、「公共の安全と秩序」は、個人の集合体としての「公共」と捉えることが可能であるから、あくまでも個人の生命・身体・財産という個人的な法益や、多少広く捉えるとしても社会的法益を前提としている概念であると考えられる。

これに対して、「日本国の重大な利益」という表現は、明らかに国家的法益を前提としていると考えられるのであり、従来の警察法が定める所掌事務の範囲を大きく変更している。

これは、警察が、日本から海外に出て自由に活動できる権限を与えることを意味する。従来から、大使館に警察庁から外交官として出向していた例は多いようであるが、今後は、警察庁の職員の身分のままで、世界各国の日本大使館に常駐し、諜報活動等を行うことができるようになることを意味している。

このように、二〇〇四年の警察法改正は、一九九四年の警察法改正により、生活安全局を設置して、日本国内における市民の活動を広く監視する権限を獲得したことに続いて、有事体制の中で、広く海外に警察が進出して活動する権限を獲得し、治安の維持を警察の任務や責務とし、日本国の国家的法益のために活動することを実現しようとするものであり、これまでの国民個人の生命身体・財産を保護する任務から、本質的に転換しようとしているのである。

その結果、警察の権限はますます肥大化するとともに、いずれは、戦争に反対する市民を敵視して、日本国の公益に反するとして警察による摘発が行われる戦前の治安維持法体制下のような事態を招来するおそれがあると言わなければならない。

また、二〇〇四年の警察法改正では、警察庁による中央集権体制がより強化されるとともに、ますます自治体警察の権限が縮小され形骸化されており、警察庁の組織体制については、これで一応の完成を見たのではないかと考えられる。

「テロの未然防止に関する行動計画」の策定

政府は、二〇〇四年一二月一〇日、首相官邸で「国際組織犯罪等・国際テロ対策推進本部」（本部長・細田博之官房長官）を開いて、「テロの未然防止に関する行動計画」（以下「テロ防止行動計画」という）を決定し、同年一二月一四日に開催された犯罪対策閣僚会議の第四回会合において報告され、了承されている。

テロ防止行動計画の内容は多岐にわたっているが、整理すると、①ヒト・モノ・カネの規制、②重要施設等の安全確保、③情報の収集・管理の三点に大別することができる。

具体的には、ヒトの規制としては、入国審査時等における指紋採取等、テロリストに対する入国規制、航空機の長等による乗客名簿の提出等、ＩＣＰＯの紛失盗難旅券データベースの活用、航空会社等による乗客の旅券確認、文書鑑識指導者の海外派遣等、宿泊業者による宿泊客の本人確認等が挙げられ、モノの規制としては、病原性微生物等の保有の届出、爆発物等の輸入管理の強化が挙げられ、カネの規制としては、ＦＡＴＦ勧告の完全実施に向けた取組み、テロリスト等の資産凍結の強化が挙げられている。重要施設等の安全対策としては、情勢緊迫時の重要施設等の警備強化、空港及び原子力関連施設の制限区域への立入者の適格性チェック、核物質防護対策の強化、スカイ・マーシャル（警察官による航空機警乗）の導入によるハイジャック防止が挙げられている。また、情報の収集・管理については、テロ関連情報の収集強化、テロ未然防止の基本方針等に関する法制、テロリスト及びテロ団体の指定制度が挙げられるとともに、今後検討を継続するものとして、テロ防止目的による通信の行政傍受、テロリストの無令状拘束が挙げられている。

この内容からすると、テロ防止行動計画は、アメリカで起きた九・一一の後に立法化されたいわゆる愛国者法（Patriot Act）の日本版を目指しているということができる。

しかしながら、我が国において、「テロ」とは何かという明確な定義はない。いわゆるテロ資金供与禁止法（公衆等脅迫目的の犯罪行為のための資金の提供等の処罰に関する法律）においても、「テロ」という用語は使用されておらず、「公衆等脅迫目的の犯罪行為」の定義として、「公衆又は国若しくは地方公共団体若しくは外国政府を脅迫する目的をもって行われる犯罪行為」のうち、人を殺害したり、航行中の航空機を墜落させたり、爆発物を爆発させる等の行為であると定義されているが、依然として「テロ」の定義が曖昧であることは否定できない。

テロ防止行動計画は、その「テロ」の定義を曖昧にしたままで、「テロ対策」を論じる点に大きな問題がある。これでは、既に強大な権限を持っている警察当局が、怪しいと思う人物や団体に対して「テロリスト」のレッテルを貼って弾圧することに濫用されるおそれが極めて強いと言わなければならない。

監視＝警察国家への流れをどう止めるか

このように矢継ぎ早に、警察は治安対策を発表するとともに、中央集権化した組織体制作りを進めている。

共謀罪が新設されるようなことがあれば、警察は、その捜査のために必要であるとして、いわゆる盗聴法（犯罪捜査のための通信傍受に関する法律）の対象犯罪を拡大したり、その手続を緩和する改正を強く求めるだろう（既に昨年夏ころから、そのような動きが出はじめている）。

また、共謀罪の新設を含む「犯罪の国際化及び組織化並びに情報処理の高度化に対処するための刑法等の一部を改正する法律案」には、サイバー犯罪条約を批准するための国内法整備のための法改正が含まれている。これが国会で成立させられれば、日本は、欧州評議会のサイバー犯罪条約に正式に加盟することになる。

そうなれば、サイバー犯罪条約（二一条）の要請によって、重大犯罪についての捜査のためにリアルタイムで盗聴する法改正が要請されることになる。

その結果、電話や電子メールなどのあらゆる通信手段が、警察による監視の対象にされるおそれがある。

また、免許証やパスポート（旅券）がＩＣカード化されることが予定されている。そこに生体情報（指紋や瞳の虹彩情報等）が登録されることになることが予想されるが、そうなると、国側で、国民の生体情報を集約したデータベースを持つことになる。警察庁は、ＤＮＡのデータベースを構築することも発表している。

このように、国民の生体情報を集約してデータベース化することにより、それと全国各地の街頭のありとあらゆる場所に設置された監視カメラを併用することにより、国民の誰が、どこを、どのように移動したかということが容易に判明することになるおそれがある。それに、携帯電話の位置情報や、自動車についての「Ｎシステム」を併用すれば、ある国民の行動をいとも簡単に把握することができるようになる。

このまま行けば、間違いなく、日本において、私たち一人一人の一挙手一投足を、国家が監視することができる超監視国家ができることは間違いない。

小泉政権下における治安対策・テロ対策は、まさに、それを実現するための「マジック・ワード」（魔法の言葉）として巧みに利用されている。

私たちが共謀罪の成立を許してしまえば、あと数年以内に、このような監視＝警察国家体制が完成させられ、私たちは反対すらできなくされてしまうことだろう。そうならないためにも、共謀罪を絶対に成立させてはならないのだ。

（やました・ゆきお　弁護士）

コラム

街頭監視カメラ

吉村英二

二〇〇四年度に東京都の助成を受けて商店街に設置された街頭監視カメラは二一六台。〇三年度と合わせると、四四一台にも上るという（監視社会を拒否する会調べ）。〇三年の奈良小一女児誘拐殺害事件や、大阪府寝屋川市の教職員殺傷事件をきっかけに、「子どもを守れ」とのかけ声のもと、再び治安対策強化が強く叫ばれる状況を考えると、〇五年度はさらに設置が広がっていくと考えられる。

しかし、そもそも「監視カメラが防犯に役立つのか」という基本的な問いすらなされる様子はない。だが、新宿・歌舞伎町監視カメラの効果を検証した『ジュリスト』〇三年九月一日号の前田雅英都立大教授の論文のデータを見ると、〇二年のカメラ設置区域での全刑法犯認知件数こそ二・九％減（○○年比）だが、粗暴犯は三一％の急増という結果が出ている。さらに八月一六日付『読売新聞』によれば、○三年前半期のカメラ設置区域の刑法犯認知件数は、設置前同期比で二○○件以上上回ったという。路上犯罪は二四件の微増、粗暴犯は一・二四倍、ひったくりに至っては倍増だという。

もちろんこれだけで「監視カメラ効果なし」の結論を出すのも乱暴だが、少なくとも現状では劇的な効果は出ていないとは言えよう。特に、路上を監視するカメラの前で、路上犯罪が増えているのは致命的だ。

ただし、おそらくこうしたデータをいくら積み上げて見せても、監視カメラを欲しがる者たちには馬耳東風だろう。なぜなら彼らは、「実際に犯罪が減ること」ではなく、「守られているという演出」を欲しているからだ。私は犯罪よりむしろ、そうした安心願望にこそ、恐怖を感じる。

（よしむら・えいじ　日本消費者連盟事務局員）

超危険な国際的組織犯罪条約

石橋新一

国際的組織犯罪条約は批准すべきでない

国際的組織犯罪条約は、一九九四年ナポリサミット宣言以降、国連犯罪防止刑事司法委員会を舞台にG8を中心とする各国の法務・治安担当者によって画策され、二〇〇〇年一一月国連総会で採択、現在九九カ国の批准で発効した多数国間の治安条約である。条約起草委員会副議長国として論議にかかわった警察庁の官僚は「この条約は『21世紀の犯罪対策の国際標準』を示したもの」(今井勝典「国際捜査共助の現代的潮流について」『警察行政の新たなる展開』上)としているが、その多くは、近代的な刑事司法の原則を侵食し、脅かし、大転換させる内容を孕んでいる。〝国際組織犯罪と闘う〟という口実で、サミット諸国などが、歴史的に異なる各国治安法の同質化を無理やり強制しようとするものである。

条約は、その目的を「国際組織犯罪をより効果的に防止し及びこれに対処するための協力を促進することにある」〔第一条〕とうたい、全四一条から成っている。内容は、①組織犯罪集団参加の犯罪化（共謀罪、参加罪、援助・相談罪の新設）②マネー・ロンダリング（不法資金洗浄）規制拡大③汚職の犯罪化④泳がせ捜査・覆面捜査・電子的監視など特別な捜査手法の導入⑤司法妨害の犯罪化、刑事免責・司法取引導入⑥証人保護、被害者援助⑦国際的司法共助強化など多岐に渡っており、刑事捜査・司法に関する極めて総合的な国際条約である。組織犯罪集団への参加の犯罪化〔第五条〕、犯罪収益洗浄の犯罪化〔第六条〕、汚職の犯罪化〔第八条〕、司法妨害の犯罪化〔第二三条〕は国内法整備が義務づけられている。なお本体条約には、①銃器等の規制②女性・子供の不法な取引③移住労働者の不法な取引に関する三つの議定書が付属され、本体条約批准とセットでのみ締結しうると規定されており〔第三七条〕、②は二〇〇五年通常国会に上程されている。経済の新自由主義的グローバル化とイラク侵略戦争泥沼化による政治経済危機深刻化のなかで、国境を超えて噴出する労働者・民衆・民族の反撃や異議申し立てを、アメリカ・ＥＵ・日本など世界の警察・諜報機関・司法権力が一体となって弾圧水準を高め、監視・管理・圧殺することが21世紀に狙われているのだ。

条約は日本でも二〇〇三年通常国会に上程され衆院・参院合わせ僅か一時間三二分の審

議で締結承認されたが、現在まで批准していない。義務とされている共謀罪の新設立法（組織的犯罪処罰法改悪）が成立していないからである。

私は、国際的組織犯罪条約は、世界的な労働者民衆の様々な運動を圧殺する稀代の治安条約であり、絶対に批准するべきではないと考える。いうところの〝国際協力〟は、条約批准によってではなく、人権を守ろうとする世界の人々と共に批准を阻止することによって果たされると考えている。日本でも法務省が「国内的にそのニーズに応えるという形はとっておりませんで、条約締結のために必要な犯罪化等を図っていきたいということを基本に考えている」（法制審議会刑事法（国連国際組織犯罪条約関係）部会第一回議事録、二〇〇二年九月一八日）とするように、国内的に必要がない稀代の治安立法など許すことはできない。〝必要のないものは要らない〟、それで充分である。

全ての民衆活動が弾圧の対象――国際的組織犯罪対策は偽装

条約が対象とする犯罪は、①原則的に国際性を有し、かつ組織犯罪集団が関与する②第五条、第六条、第八条、第二三条の犯罪、及び③最長で四年以上の刑の犯罪（以下、重大犯罪と言う）である〔第三条〕。

名称からしてもこの条約の適用対象はすべからく国際性と組織性を併せもった犯罪に限定されているはずだが、しかし実はそうではない。各国の主張・利害が入り乱れた結果、多くの抜け穴が盛り込まれ、「柔軟かつ広範なアプローチ」が可能となっているのだ。日本の法務省にいたっては独自の解釈のもとで、次のように同条約の趣旨すら大きく踏み越えた国内法（犯罪の国際化及び組織化並びに情報処理の高度化に対処するための刑法等の一部を改正する法律）制定に走っている。

（ア）法案が、その適用対象を、一国内で活動するグループであっても、事件に国際的性質がなくても、適用対象としていることである。「条約の理念上、犯罪構成要件該当行為が必然的に国境を跨ぐもののみを取り上げるとの論もあったが」「犯罪化の文脈では、国際的要件を各国国内法の構成要件に求めるものではないことが合意された」（今井勝典「国連国際組織犯罪条約の実質採択について」『警察学論集』二〇〇〇年九月号）ことをとらえ、法務省は〝国際性又は組織犯罪集団の関与と無関係に規定しなければならない〟と勝手に解釈し、適用対象を最大限に拡大しているのだ。〝求めるものではない〟を〝ねばならない〟と読む理由はなにも示されていない。

（イ）「組織的な犯罪集団」の規定も大きく拡大している。条約は「組織的な犯罪集団」を①一定期間存続する三人以上の者からなる系統的集団で②直接または間接に資金上その他の物質上の利益を獲得するため③重大犯罪などを犯す目的で協力して行動するもの、と規定している（緩やかな集団活動も対象にできる但し書きがついている。第二条(c)）。しかし組織的犯罪処罰法改悪によって国内法化を図ろうとする法務省は「団体の活動として」「組織により行われた」共謀の処罰という、日本独特の共謀罪を創りだした。組対法によれば、「団体」とは共同の目的を有する二人以上の継続的結合体（構成員以外も、物質的利益だけでなく精神的利益も含む）、「組織」とは複数のものによって構成され、ある程度の継続性を備えているものとだけ、抽象的に規定されるに過ぎない。偶然関わった者はともかく、一日前に知りあった二人の人間の合意は組織的な犯罪集団だと見なされうるし、実際に組対法が夫婦に適用されたこともある。組織的な犯罪集団に賃上げを闘う労働組合はもちろん含まれるが、政治運動、環境保護や反差別の社会運動・市民運動も間接に物質的な利益を得る犯罪活動と見なされる。全てのつながりが組織的な犯罪集団とされうるのだ。仮に法務省が、日本独特の共謀罪制定の野望を捨て、文言上で越境犯罪、組織犯罪処罰に限定しても、運用の実態は何ら変わりはしない。

（ウ）「重大犯罪」とはその最長で四年以上の刑を科せる犯罪のことである。こんなレッテルを貼られると極悪なイメージを想起させるが、実は、万引きしても日本では重大犯罪とされる。窃盗罪は一〇年以下、傷害・詐欺罪は一〇年以下、逮捕監禁は三月以上五年であり、住居侵入などを除きほぼ全ての罪が含まれる。その数は膨大でなんと約五六〇に達する。そもそも条約が、各国毎に異なる刑の違いを踏まえず一律に重大犯罪化するのは問題がある。

団体取締法の世界的制定が狙われている〔第五条〕

条約の目玉は「組織犯罪集団への参加」を犯罪化することにある。「犯罪行為の未遂又は既遂に含まれるものとは別個に成立する犯罪」、要するに実行行為のない〝犯罪〟を裁けるようにすることで、コミュニケーションそのもの、団結そのものを丸ごと解体することを狙っているのだ。

（ア）「参加の犯罪化」とは、実行行為のない〝犯罪〟を裁くことである。想定されている犯罪類型は、①重大犯罪の実行を合意すること（いわゆる共謀罪）②参加罪（「組織犯罪集団の目的及び活動一般……を認識している者」が、「犯罪活動」「その他の活動」に参加すること）③援助・相談罪（「重大犯罪の実行を組織し、指示し、ほう助し、教唆し若しくは援助し又はこれについて相談すること」）の三種類である。

実行の「合意」と「共謀」とは実はイコールではない。この点でも法務省は拡大解釈をしている。最高裁は「共謀」とは「数人相互の間に共同犯行の認識があること」であり、暗黙に意思の連絡があれば足り、同一場所で相談しなくても順次共謀がおこなわれるのでもよいとしている（最判一九四九・二・八）。あうんの呼吸で共謀は成立するとされているのであり、条約の「合意」（少なくとも意思の表現を伴う）よりももっと広くしたのが日本型の共謀罪である。横浜紳士録詐欺事件では具体的な指揮・命令をしなくても「団体」「組織」と見なされ組対法が適用されている（組対法適用を否定した一審判決を破棄――東京高裁二〇〇二・一・一六判決）。

（イ）共謀の認定は「認識、故意、目的又は合意は、客観的な事実の状況により推認する」とされ、捜査・司法当局の判断次第で適用できるようになっている。諸個人が何を考え、話したかを裁くということ自体、思想・表現の自由の弾圧だが、その事実認定が「推認」で構わないというのだから、権力に一度目をつけられたら逃れようもなくなる。映画「マイノリティー・レポート」は他人事ではない。

（ウ）「組織犯罪集団」の認定の方法も規定されていない。警察が勝手に認定することになる。形骸化しているとはいえ破防法・団体規制法には公安審査委員会、暴力団対策法には公安委員会による認定の手続きが定められているが、まったくふれられていないのが条約と法案の大きな特徴である。有事・即応型の治安弾圧を司法・行政の判断だけで緊急に仕掛けるためには人権など無視してよいというのが、条約の基本姿勢である。

条約は冷戦下のマッカラン法や破防法とは質を異にする、汎用型でオールマイティーの団体取締法制定を世界的に狙っているといえる。日本では合法的な集団も対象であることには注意して欲しい。権力が許容した枠内にとどまればその活動は〝自由〟だが、警察に睨まれたら終わり、警察に睨まれていると思われる集団とその構成員に近づいたら終わり、ということである。共謀罪新設は、たとえ「合意を達成するために行われる行為」（顕示行為）で条件づけても戦時中に改悪された治安維持法第一条「情を知りて…結社の目的遂行のためにする行為」を復活し、破防法第八条「団体のためにする行為」、要するに何を犯罪とするかを捜査当局に全て委ね処罰できる白地刑法を、大規模に創りだす以外の何ものでもない。

他人の財布を覗き込み没収
――マネロン罪の拡大と弁護士・税理士などの統制〔第六・七・一〇・一二・一三・一四・二九・三〇・三一条〕

マネーロンダリング（資金洗浄。犯罪収益の不正な起源を隠匿し若しくは偽装する目的で収益を処理すること）の禁止と監視、没収・押収を広範囲に規定している。「犯罪収益等隠匿罪」「犯罪収益等収受罪」など、組対法とほぼ同じ内容だが、その拡大が狙われている。

（ア）ひとつは、組対法の場合、「犯罪収益等隠匿罪」〔第一〇条〕の予備の処罰にとどまっていたのが、隠匿罪・収受罪とも「共謀」「相談」を犯罪化していることである。

泥棒は窃盗罪で罰せられる。一九九九年まではこれで済んだ。組対法が成立したことで、遊興に使ってしまえば罰せられないが、屋根裏に隠したり銀行送金すれば犯罪収益隠匿罪・収受罪で二重処罰という常識では説明のつかない事態となっている。条約・法案は更に、どこに金を置くか相談を受けた相手までも処罰しようというのである。法務省は悪質なことに、「犯罪収益の前提犯罪の重大な犯罪等への拡大」として「共謀した者が、その共謀に係わる犯罪の実行のための資金として使用する目的で取得した財産」の没収まで規定している。万引きするために友人から受けとった交通費は、途中で万引を思いとどまっても没収される。犯罪によって得た財産でないのに何故没収できるのか、法務省も少しアコギすぎないか。

（イ）もうひとつは、「疑わしい取引の届出義務」を金融機関から弁護士などにまで広げていることである。組対法では疑わしい取引の届出義務は金融機関だけに限られていたが、条約は、弁護士、公証人、税理士及び会計士、不動産業者などに新たに通報義務を課し、日本でも二〇〇五年七月までに義務化されようとしている（ゲートキーパー《門番》問題）。弁護士の場合、当局に通報すれば依頼者との信義・守秘義務を破ることになる。しかし弁護士は通報しなければ懲戒になったり、金を受け取ったとして犯罪収益収受罪を適用される。実際アメリカでは、マネーロンダリング罪で毎年数百人の弁護士が逮捕されている。ゲートキーパー問題とは、防御権を奪い、弁護士を支配の枠にはめ込む策動である。

スパイ潜入・盗聴などダーティーな捜査手法導入〔第二〇条〕

条約は①監視付移転（泳がせ捜査）②覆面捜査（おとり捜査）③電子的監視その他の形態の監視などの「特別な捜査手法」を勧めている。

（ア）泳がせ捜査・おとり捜査はダーティー

泳がせ捜査とは、麻薬の小包を運搬途中で警察・税関が発見した場合、その場で差し押さえないで、受取人をつきとめて逮捕することである。これは必然的に犯罪に嫌疑あるものの常時の尾行と監視の常態化をもたらす。覆面捜査（おとり捜査）とは警官が身分を隠して対象組織に潜入、内部から情報を入手したり、ある場合は、罠をかけて犯罪の実行に誘い込んだうえで逮捕することである。

おとり捜査は、麻薬特例法・銃刀法で合法化され、警察庁が潜入捜査を指示しているが、原則的には認められていない。アメリカのハンプトン事件では、ハンプトンが金が必要だとおとり捜査官に相談→捜査官が麻薬販売の計画を提案し合意→捜査官が麻薬を提供→他の連邦捜査官に売りに連れていって現行犯逮捕された。捜査官自身が犯罪を作りだしたようなものだが、おとり捜査が合法化されているので有罪とされた。しかし、捜査機関が罠を使って、人々を執拗に犯罪にはめ込んだ上で、または潜在的に犯罪意思をもつ者を実行に誘い込んだうえで検挙するのは、いわゆる〝司法の廉潔性〟を脅かし、憲法第三一条法定手続きの保障に違反すると言わざるをえない。

注目すべきは、捜査当局がスパイを送り込む場合の事後措置が条約第二六条〔法執行当局に対する協力拡大の為の措置〕で規定されていることである。集団の構成員をスパイに仕立てあげたりした場合も同様だが、潜入捜査官がある重大犯罪を提案、〝よし、やろう〟となった場合、共謀罪が成立、しかし潜入捜査官も同じ罪に問われるから、ちゃんとその救済措置を、処罰緩和・訴追免除・保護として準備している。法案でも自首による罪の減免が規定されている〔第六条の二〕。

民衆を誘惑し犯罪を行わせる、警察が自ら犯罪を行い民衆を共犯者に引き込む「特別な捜査手法」は憲法・刑事訴訟法の前提となるデュープロセスの破壊であり、日本のスパイ社会化、相互監視と密告社会化をもたらす。冤罪が大量生産されることは目にみえている。

（イ）盗聴法改悪が狙われている

リアルタイム盗聴を規定したサイバー犯罪条約論議を睨んでいたのか、条約そのものは電子的監視の内容を定めていない。電子的監視とは電話盗聴（携帯電話も含む）やインターネット監視のことであり、アメリカでは、小型マイク利用による自宅・自動車内の会話の盗聴も含まれる。その他の形態の監視とは、街頭・店内カメラやNシステム、あるいは顔紋照合などハイテクを駆使した社会監視のことである。電子的又はその他の形態の監視は、二〇〇〇年八月に盗聴法が制定され、歌舞伎町24時間監視カメラ作動やNシステム合憲判決など日本でも着々と進行している。共謀罪と合体した今回の一括法案でも、①ウイルス作成罪②あらゆるデータの差し押さえ③警察による通信履歴保全要請などが新たに導入されている。警察の盗聴がプライヴァシーを侵害し、民衆運動の組織的解体を狙うものであることは改めて言うまでもないが、今、米・愛国者法制定（二〇〇一年）・同法Ⅱ制定策動、サイバー条約締結承認（二〇〇四年春）を受け反〝テロ〟を口実にした盗聴法の全面改悪が画策されているのだ（自民党「治安強化のための七つの宣言」二〇〇四年六月）。

弁護活動妨害を狙う司法・警察権力絶対化〔第二二三・二二四・二二五・二二六条四〕

共謀罪と人権侵害多発必至の「特別な捜査手法」導入は、それを実行する司法・捜査機関を絶対化することなしには不可能である。司法妨害の犯罪化によって裁判所・検察・警察を絶対不可侵の聖域と化し、その庇護の下に、証人の保護や司法取引・刑事免責の手法を使って〝組織犯罪集団〟を切り崩し解体するというのである。日本では証人威迫罪・公務執行妨害罪があるが、法務省は更に、条約が義務化していない証人買収罪新設を法案化している。弁護士が証言を得る活動の中で喫茶店代を払うことすら罪とするというのは尋常ではない。今、日本の刑事司法のなかで問われるべきは検察が証人を偽証罪で脅し、甲山事件のように立件することで冤罪を創りだしている構造であり、これ以上の弁護活動・防御活動の妨害は許されない。組織的に腐敗しきった検察・警察こそまず襟を正すべきである。

証言強制の司法取引・刑事免責導入〔第二二六条〕

ジェンキンスさん事件で有名になった司法取引は「訴追裁量権の取引的行使」と定義さ

れ、犯罪者に対する減軽・免罪を餌にして警察・司法当局の捜査に協力させるというものである。司法取引には様々な形があるが、証言強制の別名である。法務省が一九九七年に最初に出した組対法案（刑事局案）では、①黙秘している証人に対して②使用免責（本人に不利益な証拠として扱わない）を与え③証言を拒んだ者は六月以下の懲役などで処罰するとし④弁護人の在席は支障がない場合にのみ許されるとしていた。諮問時に我が国の国情に合わないと削除したが、今、司法「改革」と「テロの未然防止に関する行動計画」のなかで、再びその導入が画策されている。司法取引を導入すれば、自分の罪を軽くする為に他人に責任を転化する者が現れないとも限らないし、更に、本当は罪を犯していない関係者を罪に陥れるために警察が偽証させることも考えられる。スパイの最終的な救済措置とすることもできる。しかし人間の弱さにつけ込む刑罰制度は卑劣である。供述強制制度は、人間相互の信頼関係を解体し、供述した者も含め人格をずたずたに引き裂くのである。憲法第三八条に保障された自己負罪拒否特権・黙秘権を侵害し、弁護人の援助を受ける権利を奪い、司法・捜査機関の都合のみ優先させた新たな供述強制制度の導入を許すわけにはいかない。

「組織犯罪対策」への翼賛と動員〔第一〇・二八・三一条など〕

条約は、組織犯罪集団壊滅作戦への市民社会の総合的な動員を勧めている。加担する法人の責任追及と個人の活動制限〔第一〇条など〕や予防〔第三一条〕がそれである。予防の焦点は、司法・警察・金融監督庁・税関など国家権力と企業・NPOなどの相互協力、弁護士・税理士などの国家管理、法人格の悪用防止、マス・メディアを使った組織犯罪への民衆の認識の促進などに据えられている。今まで権力から相対的に独立していた集団や職業、マスコミなどの包摂・規制と、民衆の自発的参加などを通じて、国家に一体化させ、社会の中に〝市民VS非市民〟の新たな対立と排除をつくりだすことが狙われているのだ。

（ア）当該団体あるいは関係すると見なされた団体すべてに対して刑事上・民事上又は行政上の責任が追及される。この規定は恐るべき団体破壊の手段となりうる。アメリカRICO法で労働組合を破壊するのにもっとも威力を発揮したのが、刑事面とあわせた民事・行政責任の追及であったとFBIは総括し、ニッポン警察にその検討を勧めている。大量かつ恒常的な刑事弾圧と巨額の損害賠償請求による運動潰しは既に現実であり、行政規制（たとえばオウム真理教の宗教法人格剥奪）を加えた団体活動のトータルな破壊が画策されているのである。「社会的底辺集団が国際的組織犯罪の活動により影響を受けやすくしている状況を緩和する」（警察庁訳では「国際組織犯罪の活動にさらされる」と意図的誤訳）などという規定は、グロバリゼーションに反対する労働者・民衆、民族の解放闘争を組織犯罪として抑圧する傾向を感じさせる。

（イ）当該個人に対しても規制が強化される。被告人の保釈・仮釈放の規制にとどまらず、有罪判決を受けた者に対して全ての「法人の役員として活動する資格を合理的な期間において剥奪する」ことまで求めている。組織犯罪に関わった者は、長期に社会から隔離し、社会復帰後もその資格を剥奪し、活動を制限するなど、集団と個人の息の根をとめるという厳罰主義が貫かれているのだ。

司法・警察の世界的ネットワークが策動されている
――法律上の相互援助・刑事手続きの移管・共同捜査・法執行協力・訓練及び技術援助など〔第一八・一九・二一・二二・二七・二九・三〇条など〕

条約はいたるところに捜査・訴追及び司法手続きの相互協力を規定し、世界的な監視・管理・弾圧体制のレベルアップと標準化を狙っている。捜査の為の情報・技術及び人的交流の飛躍的強化は、二以上の国による共同捜査班の設置にまで具体化されている。日本の反基地運動などの警察情報はアメリカに提供されているが、日米捜査共助条約批准（二〇〇四年）以降、日本警察とＣＩＡが捜査を共同して行うこともありうる事態となっている。共通逮捕状を導入したＥＵでは、一九九九年以降ヨーロッパ刑事警察機構が国境を超えて活動し、タスクフォース（特殊任務を持つ機動部隊）が各国の捜査支援を行っている。日本も韓国・中国などと治安協定を結び、〝ＫＯＢＡＮ〟など日本警察システムのアジアへの輸出を進めている。条約はこうした全世界的な〝治安共同体〟（ドイツ連邦刑事警察庁エドウィン・クーベ）を構築する為に、没収した資金の一定割合を国連に設ける基金に拠出し〝開発途上国〟への資金的物質的援助を拡大するとまでしているのである。

反治安法の国際連帯を創りだすことが課題

条約が狙っているのは、処罰範囲の飛躍的拡大、組織犯罪対策を口実にした労働者民衆の国家・社会防衛への翼賛・動員、裁判所・検察・警察の飛躍的な権限強化であり、世界大での〝治安共同体〟を創り出すことにある。

条約が目指す社会は、あらゆる活動はもちろん、心の中まで国家によって覗き見し管理できる社会である。スパイと密告、相互監視がはびこり、一切の反抗・異議申立ては封じ込められ、声をあげれば弾圧される。〝治安共同体〟のなかにいる者にとっては奇妙に明るく、排除された者にとっては地獄の社会が到来する。それはジョージ・オーウェルが描いた『一九八四年』社会のハイテク版・世界版といえる。

勿論この条約を批准するためには現行刑事法の大改悪が必要となる。既にテロ資金供与防止条約によるカンパ禁止法（二〇〇二年）サイバー条約締結承認（二〇〇四年）刑事訴訟法改悪などの司法「改革」法（二〇〇四年）制定が強行され、更に盗聴法改悪、司法取引導入、疑わしい取引の通報義務拡大、そして、「テロリスト」団体の指定と出入国阻止を軸とするテロ対策基本法制定などが策動されている。反〝テロ〟の冠をつければ、明らかな憲法違反・近代刑法原則の破壊すらまかり通るのが現状であり、反対すれば、テロに賛成するのかと糾弾される。誰もが組織犯罪対策・テロ対策の有効性を競い合う状況こそ、国際的組織犯罪条約の国家像であり、善良な市民による収容所列島をつくりだすことが狙われているのだ。

しかし〝治安共同体〟などを掲げざるを得ないのは、支配が総体として危機に陥っているからでもある。弾圧によって労働者民衆の闘いが圧殺しうるものでないことは、アメリカ共謀罪＝ＲＩＣＯ法によって弾圧されたチームスターユニオンが一九九七年大規模なストライキでパート労働者の権利を勝ちとったことで既に証明されている。反グローバリゼーションの闘いは世界各地で進み、米・英・日のイラク侵略戦争は民衆の反撃によって泥沼と化している。民衆の結びつき、団結と連帯を国家の暴力によって根絶しうると考えるのは、権力の思い上がりである。思想を処罰し、労働運動・市民運動の団結を破壊し息の根をとめようとする稀代の治安法制定を許すわけにはいかない。警察・謀報機関の大増強と治安管理社会化、相互監視社会化は人が人として生きようとすることを押しつぶす。私たちは全力で、共謀罪を廃案においこみ自由・人権・連帯・団結を抹殺する国際的組織犯罪条約批准を阻止する。その攻防の中から、世界大の〝治安共同体〟形成に対し、国民国家への私たち自身の呪縛を払い、その枠を超えた労働者民衆の解放運動のありようを模索する。

（いしばし・しんいち　破防法・組対法に反対する共同行動）

コラム

福岡から

筒井　修

なんとか共謀罪新設の立法化については、今のところ阻止し得ていますが、この立法化の先取り実質化の動きが、最近とみに強まっています。

東京においては、昨年末の洋書センター争議刑事弾圧の控訴審判決に端的に顕れています。実行行為を問題にせず、「団体交渉を要求する行動への支援を訴えるビラを受け取った時点で、共謀が成立する」「被告人の長年の経験からいって、拒否する相手に対して団交要求をする行為自体が、逮捕監禁行為になることは事前に分かっていたはず」！　このように、事前共謀の裾野を際限なく広げる判断が示されています。大阪においても、昨年末西成署の抗議行動に赴いた釜が崎合同労組の稲垣委員長が、「労働者を扇動して、傷害を負わせた」として「傷害罪」で逮捕、勾留されました。委員長は、マイクで西成署に抗議していただけです。このように、実行行為を問題にせず、その行為に至る前提である意思形成過程そのものを処罰の対象にしはじめています。このような司法状況の中で、共謀罪新設は何を意味するのでしょう。「思想ではなく行為を」処罰するという近代刑法の根幹が揺らぎはじめています。

福岡では、未だ大きなうねりをつくり出していくことはできていません。しかし昨年一

○月二一日安田好弘弁護士をお招きして、こじんまりした集会を開催することができました。

安田さんは、自身が逮捕・弾圧された強制執行妨害罪の拡大・強化について、危機意識を持って講演されました。「共謀罪では思想や運動の場面における統制であり、これは経済場面における統制が目的である。」という言葉が印象的でした。

この集会の成功を受けて、福岡県弁護士会に共謀罪新設に反対する声明を出すように申し入れをしていきたいと思います。

（つつい・おさむ　福岡地区合同労働組合）

第三章

警察国家のグローバル化

共謀罪新設と戦後治安法の変遷

足立昌勝

戦後治安体制の始まり

戦前における軍国主義の時代においては、ほとんどの国民が全体主義的価値の下に統一され、その価値に反する者については、「非国民」と批判されていた。そこでは、民主主義の基礎であり、民主主義にとって欠くことのできない基本的人権である表現の自由は、軍部あるいは特高警察の力によって弾圧されていた。

しかし、日本は、一九四五年八月一五日、ポツダム宣言を受諾して、連合国に無条件降伏を行った。それに伴い、アメリカ軍を中心としたGHQ（占領軍総司令部）が設置され、GHQは、帝国主義的諸立法の廃止を含め、日本の民主化のためにさまざまな指令を発した。それは、表現の自由の尊重であり、帝国主義を担っていた諸立法の廃止であった。とりわけ、その代表である治安維持法は直ちに廃止されることになる。このＧＨＱによる民主化政策も、一九五〇年六月二五日に勃発した朝鮮戦争を契機として変更され、日本は冷戦構造へと組み込まれていった。

ＧＨＱ総司令官マッカーサーは、この戦争の開始直後の同年七月八日、警察予備隊の創設を指令し、同月一〇日、「警察予備隊令」が公布された。これは、アメリカ軍の朝鮮戦争介入にともない、在日米軍四個師団が朝鮮に移動したあとの空白を埋め、あわせて将来の日本軍の基礎をつくることを目的としたものであった。

警察予備隊令によれば、「わが国の平和と秩序を維持し、公共の福祉を保護するのに必要な限度内で国家地方警察及び地方自治警察の警察力を補うため」に、警察予備隊を設け（一条）、その活動は、「警察の任務の範囲に限られるものであって、いやしくも日本国憲法の保障する個人の自由及び権利の干渉にわたる等その権能を濫用することとなってはならない」とされた（三条二項）。

この朝鮮戦争に代表される冷戦構造は、連合国と日本との平和条約の締結を促進させる一要因ともなった。

一九五二年四月二八日、サンフランシスコ平和条約が発効し、敗戦以来続いていた占領体制が終了し、日本は独立を回復した。しかし、独立後の治安維持に不安を感じた政府は、最大の占領国であるアメリカとの間で、平和条約の調印と同時に、「安保条約」を調印し、独立回復の日である四月二八日に、その安保条約を発効させた。この条約は、六〇年代以降の安保条約とは異なり、前文と五条からなる簡単なものであった。

安保条約では、その前文で、建前としては外部的安全の確保を目的とするとしているが、一条では、「この軍隊は、極東における国際の平和と安全の維持に寄与し、並びに、一又は二以上の外部の国による教唆又は干渉によって引き起こされた日本国における大規模の内乱及び騒擾を鎮圧するため日本国政府の明示の要請に応じて与えられる援助を含めて、外部からの武力攻撃に対する日本国の安全に寄与するために使用することができる」と規定している。ここで言う「この軍隊」とは、「アメリカ合衆国の陸軍、空軍及び海軍」を指している。日本政府は、米軍を外国の教唆または干渉を条件として、国内で発生する大規模な内乱や騒擾への鎮圧に使用する権利を得たことになる。

同年七月三一日、保安庁法が成立し、警察予備隊に代えて、保安隊および警備隊を創設することとした（二四条一項）。これらは、陸上自衛隊と海上自衛隊の前身となるもので、もはや警察力の予備ではなく、立派な軍隊であり、今後の再軍備化が始められることになった。

このような状況の中で、従来はＧＨＱの存在による間接的圧力によって維持されてきた国内の治安について、その存在がなくなることに不安を抱いた政府は、緊急事態法的性格を有する法律を成立させようとした。

それが、破壊活動防止法である。この法律の本質は、政府に対する圧力が強まったときに、裁判を経ずに行政手続きによる早期決着を図ることを認め、それによって、反政府的活動団体を規制しようとするものである。

政府は、ＧＨＱの撤退に伴う間隙を最小限にするために、この法律の施行を、平和条約が発効する四月二八日としていた。それは、ＧＨＱが撤退する日でもあったのである。しかし、政府の予想に反し、国民の反対が強く、また、国会でも反対勢力が強かったので、簡単には成立せず、時間が過ぎるのみであった。そこで、政府は、三条の「規制の基準」を挿入することにより、反対派を切り崩し、七月四日に、ようやく成立へとこぎつけたのである。

ところで、ＧＨＱの時代に、政府批判を取り締まるための法、すなわち公安条例が各地で制定された。東京都公安条例は、一九四九年五月三〇日に行われた反対デモでの死亡事件の直後に制定され、デモや集会の取締りに積極的に利用されてきた。一九五一年の中央メーデーでの「人民広場」使用禁止も、この条例を根拠にしていたのである。

危機感の醸成と現代型犯罪の創出

違法行為の放置と危機感の醸成

暴力団抗争はいうに及ばず、豊田商事事件を筆頭とする悪徳商法に関連する事件やオウム教団事件において、治安維持や違法行為の取締りに責任を負うべき立場にある警察は、それらの事件において、市民からの被害届が出されたとしても、徹底した捜査を行わず、被害の拡大を放置し、重大な被害が発生した後に、やっと本格的捜査に乗り出している。そのように、違法行為を放置することにより、市民の間にある種の危機感が醸成されることになる。

いくつかの事例にしたがって、このことを検証してみよう。

地下鉄サリン事件や松本サリン事件の容疑で、警察は、オウム真理教の本部を大々的に捜索した。その捜索の様子は、テレビを通じて、市民にリアルタイムで伝えられた。そこでは、サリンの残存物が存在するという前提の下で、鳥かごに入れたカナリアを先頭にした捜査員の姿が映し出されている。その捜査員は、防毒マスクに身を固め、そこには今でもサリンがあるかの印象を見ている者に与えている。それは、地下鉄サリン事件が発生した当日での捜索でも同様であった。しかし、そのすぐそばで、防毒マスクを身につけないマスコミ関係者や地下鉄職員が映し出されている。オウム教団の危険性を国民に知らしめるための、ひとつのデモンストレーションではなかったのか。

その後におけるオウム真理教信者に対する捜査活動は、あらゆる法律を駆使し、オウム真理教を壊滅させるという政府の方針を反映して、徹底を極め、通常では事件にならないような軽微事件でも逮捕・起訴されている。その典型としては、偽名で宿泊した際に、偽造私文書行使罪を適用したことや、マンションにビラを配布するために、マンションの郵便受けまで入った行為による建造物侵入罪の適用や、そのビラを印刷した印刷業者への家宅捜索など、通常では考えられないような些細な行為をも対象とし、犯罪の立件化に努めている。これは、オウム教団を悪とし、その悪と対抗するためには、どのような手段を取っても許されるという意識を利用したものであると同時に、このような危険な団体を放置しておけば、再度危険な犯罪を行うであろうとのキャンペーンにもつながっている。

このような政府・警察の動きに対し、国民の反応は非常に鈍かった。その取締りを助長する側にまわっていたところもある。

このツケは、最近になってはっきりと国民に向けられてきた。団地住民への宣伝活動としてのビラの配布が建造物侵入罪で立件されている。これは、本来的な表現の自由の問題であり、犯罪事実を構成するものではない。しかし、一度許してしまえば、その手段をどのように使うかは、取締当局の裁量の範囲内になってしまうことを示している。

次に、暴力団に関連した法制度の強化に向けての動きについて概観してみよう。マスコミでは、しばしば、暴力団幹部と都道府県警察幹部との癒着が報じられ、また、警察官と暴力団との付き合いが報じられている。その際の理由とされることは、日常的な付き合いの中からいろいろな情報が収集されるということである。しかし、このような人間関係を結んでしまえば、取締りにおいて、その徹底さを発揮することはできない。しかし、暴力団による対立抗争に銃器が使われ、それに伴う被害を一般人が蒙ることがしばしばある。このような一般市民に向けられた暴力団の活動が問題なのであり、暴力団の取締りを警察は目標とすべきである。

このような暴力団は、組織としてみれば組織犯罪を行う代表格である。したがって、組織犯罪対策を強化しようとする場合には、常に、暴力団への有効な取締りが可能か否かが問われる。しかし、裏での癒着が存在する限りにおいては、これは、暴力団対策を口実とした警察権限の強化にほかならない。

また、地域住民と警察が一体となった条例制定の動きとして、日教組大会への右翼団体の街宣車による妨害を取り上げることができる。反共主義を掲げる右翼団体は、「日教組は容共団体である」と批判し、いろいろな都市で開催される日教組大会に押しかけ、大会粉砕を、街宣車に取り付けた大きなスピーカーから大きな声で叫び、また、大きな音量で軍歌を流して会場周辺を進行する。しかし、警察は、さもこのような団体の行動の警備をするかのように車列の前後を警護し、そのような無法活動を放置している。

このように、事態を放置することにより、都市住民にとって、街宣車による騒音がもはや我慢の限度を超えてしまうような状況に至らしめ、それを利用して、警察は、各地の自治体に働きかけ、拡声器による暴騒音規制条例を制定させた。

さらに、シンガポールにおけるポイ捨て禁止法を契機とした都市商店街や農村における美観保護運動も、各地でポイ捨て禁止条例を制定させている。本来、これらの行為は、道徳に委ねられる性質のものであり、刑罰を科すほどの行為かどうかは疑わしい。

少年・少女コミックにおける過激な性表現に対しては、ＰＴＡ協議会に所属する母親からクレームがつけられ、また、女子高校生を中心とした援助交際という名の売春がマスコミで大きく報道された。これらの行為に対しても、青少年の健全育成の立場から、何らかの罰則を設け、規制する必要があるとの声が、声高に主張されるようになる。

最近における「体感治安」の悪化を理由に安全確保を図ることを目的とした「生活安全条例」の制定もこの一環であろう。

現代型犯罪の創出

このような市民あるいは住民の危機意識を利用して、国や地方自治体は、様々な法律や条例を制定し、その実効性を担保するために、その違反に対して刑罰を科している。それは、まさに犯罪の創造である。この新たな犯罪の創造の要因となっているものとしては、すでに述べたように、違法行為の放置とそれに対する取締りの回避、市民・住民への危機感の醸成、市民・住民の意識の変化があげられる。

ここにおいて創出された犯罪の特徴は、①重罰化を含む過度の犯罪化、②道徳への干渉、③実害発生の未然防止を目指した犯罪の形式犯化、④住民の要求を理由とした条例による犯罪の拡大、という四点に要約することができる。

このように創出された新たな犯罪類型は、制定の際に利用された危機意識によって、いくつかのパターンに分類することができる。

まず最初に、国民の社会的安全が危機に瀕しているという意識を利用した社会的秩序の維持を目的とした犯罪である。ここに属する法律としては、暴力団対策法、銃刀法の重罰化、少年法の改正、生活安全条例の制定の動きなどを挙げることができる。その中でも、暴力団対策や悪徳商法・オウム教団などの団体や組織により行われる犯罪の取締りを立法理由とした組織犯罪対策三法がその頂点に立つものである。その立法目的としては、組織犯罪対策と明言されているが、その実体においては、何ら組織犯罪に限定されることなく、一般市民をも対象としうる構造になっている。

その典型は、マネー・ロンダリング罪の規定と、それに伴う没収（追徴）保全の規定である。組織的犯罪罰法第一条の目的規定では、「組織的な犯罪が平穏かつ健全な社会生活を著しく侵害し、及び犯罪による収益がこの種の犯罪を助長する」から、「犯罪による収益の隠匿及び収受」を処罰し、「犯罪による収益に係る没収及び追徴の特例」を定めるとしている。ところが、犯罪収益隠匿罪や犯罪収益収受罪の前提となる犯罪では、何ら組織的犯罪に限定されることなく、定められた前提犯罪を行えば、誰でもが、このマネー・ロンダリング罪の対象となってしまう。このことは、マネー・ロンダリング罪の拡大と軌を一にしている没収（追徴）保全についても、当然のように当てはまる。したがって、これは、組織犯罪対策を口実とした、一般市民を監視する法律であると言っても言い過ぎではない。

第二に、住民の生活環境を維持したいという意識を利用したものとして、ポイ捨て禁止条例、屋外広告物条例、暴騒音規制条例、生活安全条例などをあげることができる。これらの条例で犯罪とされる行為については、すでに法律＝軽犯罪法で犯罪とされているものが多い。すなわち、ポイ捨て行為については、二七号の汚物・廃物廃棄罪が存在し、屋外広告物条例違反行為については、三三号の工作物貼り札罪が存在している。これらの罪は、拘留又は科料という非常に軽いものであるが、条例では、罰金刑が科されている。

このような条例は、立法目的の相違により、それを合法化するのが一般的であるが、国家意思として拘留又は科料に相当する行為であると宣言された行為について、条例でそれを上回る刑罰を科すことができるかどうかについては非常に問題である。また、そのような条例による安易な犯罪化は、本来道徳に委ねられるべき性質のものにまで刑罰を科そうとするものであって、道徳への過剰な介入である。

そもそも、罰則制定権は、主権の一部である立法権に属するものであり、そこでは、主権の行使として、罰則の制定から処罰までの自己完結性が必要不可欠である。ところが、地方自治体の条例制定権は、憲法九四条で認められ、「地方公共団体は、その財産を管理し、事務を処理し、及び行政を執行する権能を有し、法律の範囲内で条例を制定することができる」と規定している。それをうけた地方自治法では、一四条三項で、普通地方公共団体に対し、罰則制定権を認めている。このような白紙委任は、白地刑法であり、憲法三一条に規定されている罪刑法定原則に違反することは明白であるが、果たして、憲法九四条は、そこまでをも認めているのであろうか。それは、地方公共団体の行政執行権を認めたものであり、その行政行為の根拠となる規定を定めるために条例制定権を認めたものであって、罰則制定権までをも委ねたものではない。

第三に、この地球環境を守り、自然を守るという市民の意識は、至極当然のものである。しかし、そのような意識が国家意思として成立するまでには、多くの時間を必要とした。そこでは、企業の持つ開発優先の思想が先行し、環境破壊により、人類に多大な犠牲を課してしまった。

そこで、遅れ馳せながら、公害犯罪処罰法や産業廃棄物規制法が制定されたが、そこでの犯罪は、実害犯構成を取らずに、単なる形式犯としてしまう危険性がある。しかし、単に「排出」という行為だけで刑罰を科することが必要なのかどうかについては、慎重に検討する必要があるだろう。すなわち、このような環境破壊に向けた行為に対して、常に刑罰が有効であるとは限らない。環境を破壊したという結果に対しては、刑罰を言い渡すしかないが、環境を破壊しない企業の育成、すなわち、自然環境の維持と産業との調和の取れた共存こそが大切であろう。

第四は、性的価値観の変化や性の開放化の動きには目をやらず、ただ子供たちを性的環境から保護することを目的とした児童買春・児童ポルノ処罰法が制定された。それによれば、一八歳未満の者を一律に「児童」とし、新たに、児童買春罪（四条）、児童買春周旋罪（五条）、児童買春勧誘罪（六条）、児童ポルノ頒布罪（七条）及び児童買春等目的人身売買罪（八条）を犯罪として規定し、従来、各地の青少年保護育成条例で規定されていた淫行処罰規定は失効するものとされた（附則二条）。

まだ性の開放化が進んでいない明治四〇年において、性的自己決定権を一三歳以上の者に認めた精神（刑法一七七条）は、どこに行ったのであろうか。

ところで、一九四七年に制定された児童福祉法では、一八歳未満の者を「児童」とした上で、「児童に淫行をさせる行為」を禁止し（三四条一項六号）、法定刑として、一〇年以下の懲役又は五〇万円以下の罰金を規定している（六〇条一項）。この規定は、児童を保護する者がその児童に淫行をさせることを禁止したものであり、子供の性的自己決定権とは無関係である。

これに対して、各地の自治体で制定された青少年保護育成条例における「淫行処罰規定」は、一八歳未満の者との淫行を処罰するものであり、刑法では、性的自己決定に基づく同意により無処罰とするという国家意思に真っ向から対立するものとなっていた。

このような青少年保護育成条例の流れに乗りながら、児童買春・児童ポルノ処罰法では、「対償を供与し、又はその供与の約束をして、当該児童に対し、性交等（性交若しくは性交類似行為をし、又は自己の性的好奇心を満たす目的で、児童の性器等（性器、肛門又は乳首をいう。）を触り、若しくは児童に自己の性器等を触らせることをいう。）をすること」を児童買春と定義し（二条二項）、児童買春をした者は、三年以下の懲役又は一〇〇万円以下の罰金に処すると定めている（四条）。

これは、法律による道徳への過剰な介入ではないのか。子供の性を買う大人が悪いことは当然である。しかし、このような道徳への過剰な介入により、子供たちの性環境を法律により設定し、そこから子供たちを守ろうとすることは、逆に、一八歳を超えた者にとっては、なんの免疫もなく、多くの誘惑が存在する性的環境へと投げ出されることになる。そのときの反応は、はるかに大きいであろう。

最後に、麻薬取引の国際的規制に端を発した組織犯罪対策を挙げることができる。それは、国際的約束を強調することにより、先進国の一員である日本にも、他の国々と同様な法体制を整備しなければならないことを理由としている。

組織犯罪対策を国際的に推進する動きは、一九八八年に、麻薬新条約として結実する。そこでは、麻薬犯罪を撲滅するために、犯罪収益に係る隠匿・収受・移転の処罰化、犯罪収益の没収・追徴の大幅な拡大、コントロールド・デリバリーを含む新たな捜査手法の導入などが盛り込まれた。日本では、この条約を批准するために、一九九一年、新たに、麻薬特例法を定め、それらの条約上の義務を履行することになった。

ところが、組織犯罪に対する国際的協調はこれで終わることなく、さらに続き、日本も加盟しているFATF（資金洗浄に関する金融活動作業部会）は、一九九〇年、四〇項目の勧告を行った。その勧告五では、「各国は、麻薬資金洗浄罪を麻薬との関連のある他の犯罪にも拡大適用することを考慮すべきである。代替的なアプローチとしては、全ての重大な犯罪、又は相当規模の収益を生む全ての犯罪、若しくは一部の重大な犯罪に基づく資金洗浄を刑事犯罪とすることがある」としていた。また、一九九六年には、その改定を行い、「各国は、薬物に関する資金洗浄の罪を重大犯罪に基づく資金洗浄に拡大すべきである。どの重大犯罪を資金洗浄の前提犯罪として指定するかは、各国が定める」と勧告した。それを受けて、日本では、組織犯罪対策三法が制定された。

そのうち、組織的犯罪処罰法では、立法目的としては、「組織的な犯罪が平穏かつ健全な社会生活を著しく害し、及び犯罪による収益がこの種の犯罪を助長」しているから、マネー・ロンダリング罪を処罰するとしている。ところが、規定されているマネー・ロンダリング罪は、組織犯罪に限定されることなく、一般人が行った場合でも処罰されることになっている（九条、一〇条、一一条）。

しかし、麻薬新条約から始まった新しい動きは、組織犯罪対策である。このことは、FATFの四〇勧告では、はっきりとは示されていないが、一九九四年のナポリ・サミット経済宣言、一九九五年のハリファックス・サミット議長声明及び一九九六年のリヨン・サミット議長声明では、国際組織犯罪に対する国際協力の強化が確認されている。また、一九九四年に出された「国際的組織犯罪に対するナポリ政治宣言及び世界行動計画」でも、「国際的組織犯罪を防止し、これと闘うための共同戦略の実施を容易にするためのより効果的な国際メカニズムに対する緊急の必要性及びこの分野における焦点としての国際連合の役割を強化すべき更なる必要性」から生まれたものであり、Ｇ８国際組織犯罪対策上級専門家グループが、一九九六年に出した四〇項目の勧告でも、「各国は、国際組織犯罪により生じた特別の問題に効果的に対処するため、自国の犯罪、管轄、法執行の権限及び国際協力に関する法令並びに法執行機関の訓練及び犯罪予防に関する措置を見直すべきである」として、国際組織犯罪対策であることを明言している。

共謀罪の新設

越境的組織犯罪条約の批准を理由とした国内法整備の一環として、共謀罪の独立処罰が浮上してきた。

法制審議会において、法務省は、「国内には立法事実はない」「条約を批准するためだけである」と説明していたが、そこで提案された内容は、共謀罪の独立処罰であった。

条約では、「組織的な犯罪集団が関与する重大な犯罪の実行を組織し、指示し、幇助し、教唆し若しくは援助し又はこれについて相談すること」を犯罪とするための必要な立法的措置を講ずることが義務づけられている（五条）。

そこで、法務省は、組織的犯罪処罰法を改正し、次のような六条の二の新設を内容とする法案を国会に提出した。それは、次のとおりである。

次の各号に掲げる罪に当たる行為で、団体の活動として、当該行為を実行するための組織により行われるものの遂行を共謀した者は、当該各号に定める刑に処する。ただし、実行に着手する前に自首した者は、その刑を減軽し、又は免除する。

この共謀罪独立処罰規定は、どのような意味を持っているのであろうか。

これは、「犯罪の尺度は、社会に与えた侵害である」という近代刑法原則を否定するものである。共謀だけでは、何ら社会を侵害していない。共謀に基づき犯罪行為に出た場合には、社会侵害性が存在し、処罰根拠が発生する。しかし、共謀だけでは侵害が生じていないので、犯罪を構成することはなく、処罰根拠が発生しない。

違法行為に対する社会的サンクションは、種々多様なものがある。そのサンクションのうち、もっとも強いものである刑罰を用いる場合には、他のサンクションでは、その法令の実効性が絶対に担保されることがないような説明がなされなければならない。言いかえるならば、最高の権力である刑罰権を利用する場合の基準をどこに求めるのかということである。

従来、このような議論がなされないことにより、犯罪至上主義が生まれ、どのような法令でも、安易に刑罰が定められてきた。

かつて、ドイツでは、刑罰とは別に、秩序罰を導入し、犯罪の種類を減らした経緯がある。この秩序罰については、種々議論があるところであるが、犯罪の種類を減らすという試みは、評価しても良いのではないか。

このように考察してくると、刑法に存在する犯罪だけを対象とするのではなく、全ての犯罪を対象とした刑法理論あるいは犯罪理論の創造が、我々に課された急務の課題である。そこでは、当然のように、全刑法的視野からの考察が重要であり、それにより、従来、刑法理論学が対象としてこなかった特別刑法にもメスをいれ、特別刑法における柔軟な刑法解釈にもメスをいれることができるであろう。

一度失われた権利を回復することは容易ではない。権力は、一度手に入れた権利を絶対に手放さない。このことからはっきりすることは、失うことは用意だけれども、守ることは非常に難しいということである。

共謀罪新設により失われるものは、非常に大きい。私たちの生活が日常的に監視されることになってしまう。その監視権限を権力に渡してはならない。

一九九八年五月に行われたバーミンガム・サミットでは、国際的組織犯罪に対抗するためには、新たな犯罪捜査手法を導入すべきであるとのコミュニケが発表されたが、その根底にあるのは、「二一世紀の犯罪に一九世紀の武器では対抗できない」というリノ・アメリカ司法長官（当時）の発言にあるような、新しい犯罪の創出である。そこには、アメリカでは、国内ではもはや処理できないもどかしさを垣間見ることができる。そこで、国際協力を強力に推進することにより、国際的な組織犯罪に対抗しようとしたのである。それは、アメリカの危機意識の表れであり、同時に、世界のアメリカ化に与したサミット参加八カ国首脳の危機意識の表明でもある。

そこにおけるキーワードは、ポスト・モダン論である。しかし、このポスト・モダン論は、法治国家においてどのような意味を持っているのであろうか。近代社会で樹立された法治国家論がすでに過去のものであるとするならば、それについての説得的議論を展開する義務があるであろう。しかしいまだ、説得的な議論とはなっていない。

果たして、近代市民社会の成立において勝ち取られた近代刑法の諸原則は、今や、その存在意義を失ってしまったのであろうか。あるいは、見なおされなければならないのであろうか。
もう一度、近代社会の原点に立ち返って考えてみる必要があるのではないか。

（あだち・まさかつ　関東学院大学教授）

コラム

関西の五者共同声明

永井美由紀

関西においての「共謀罪」をめぐる闘いは、問題点がまだまだ知られていないといっても過言ではない状態に終始している。これは、問題の多い法案が山積しており、とてもそこまで手が回らないという悲鳴が方々から聞こえてくる現状を反映している（弁護士会でも反対声明が出ないかと打診してみるのだが、既に成立している法律への対応を含めて、実際には一部の人が幾つもの課題を抱えて走っているのが現状）。

そうした中で、なんとか昨年の三月二〇日に「大阪社会文化法律センター」「大阪労働者弁護団」「自由法曹団大阪支部」「青年法律家協会大阪支部」「民主法律協会」の五者による共同声明が出ることになった。また、これを受けて、関西救援連絡センターが企画した連続セミナー（一〇月一日・一〇月二九日・一一月二六日）の主催者として五者の名前が並んだ。

当センターとして、共謀罪に反対するための学習会を開催すべく企画してみたのだが、昨年成立してしまったいわゆる「保安処分」等々、三〇年前の反対運動の継承ができていなかったことが露呈した現状を前にして、「共謀罪」だけではなく、目の前に横たわっている実態を読み解くための力をつけなければという想いにかられることとなった。

龍谷大学法学部の石塚伸一氏に「犯罪の凶悪化・増加は本当か？」「共謀罪新設や強制執行妨害罪強化など取締り強化は必要なのか？」「代用監獄の実態は？」という三つの課題について三回の学習会の講師をお願いした。この連続学習会だけで、事態が変わるわけではないが、共謀罪をはじめとする様々な治安・管理強化のための法律に対する反対の論理を構築していく術としてもらえればと願っている。

（ながい・みゆき　関西救援連絡センター）

改憲と有事法制

小田原紀雄

はじめに

二〇〇二年六月五日、仙台において開かれた武力攻撃事態への対処に関する衆議院特別委員会地方公聴会における参考人として小田中聡樹氏が違憲陳述をされた。その際の発言が、氏の著作に「有事立法は違憲であり、不要・有害である」と題して所収されており、コンパクトによくまとめられているので、これを行論の導き手として利用させていただく。

有事立法と憲法

小田中は、批判を四点に集約している。これを簡単に紹介した上で私見を付加したい。

(1)　有事法案は武力主義的発想と本質を持っており、憲法前文の「平和を愛する諸国民の公正と信義に信頼して、われらの安全と生存を保持しようと決意」して、憲法九条において、戦争と武力行使とを永久に放棄し、戦力不保持と交戦権否認とを定め、武力主義的な対応を否定しているので違憲である。「単なる〈おそれ〉や〈予測〉の段階をも含む〈武力攻撃事態〉なるものを設定し、武力行使でもってこれに対応すべく、〈挙国一致〉の体制づくりを図る有事法案は、〈武力攻撃には武力攻撃を〉という武力主義的発想と本質に貫かれています」。

(2)　有事法案は周辺事態法とあいまって「攻撃的」な日米共同武力行使システムを作り上げており、このシステムは、わが国の領域内において一般国民に武力攻撃が加えられることによって生じる被害への対処のみならず、公海や他国の領域内で、周辺事態法に基づき後方支援活動を展開する自衛隊に対し、武力攻撃が実行乃至予測される場合をも「武力攻撃事態」として捉え、これに日米が共同で武力対処するシステムであって、憲法が採用する集団的自衛権否認の法理、原則に違反する。さらに付言するなら、「予測」の段階で武力行使体制を構築することは自衛隊に「先制攻撃」の可能性をさえ認めることになり、同時に恣意的な判断の可能性を開く。

(3)　有事法案は首相に非常権限を集中して独裁的なシステムを作り上げており、これによって、議会制民主主義が形骸化する。とりわけ、有事法案により防衛出動の国会事前承認の原則性が崩される。同時に地方公共団体に対し、首相は指示権や直接的な実施権を持ち、地方自治の原則を無視するものである。

(4)　有事法案は反人権性を有する。有事法案は、自衛隊及び在日米軍の行動の円滑化、効率化、自由化のため、国民生活に関連する広い分野で市民的自由や権利を制限し、物資保管命令違反などに対する刑罰さえも用意して、国民に協力を強制している。しかも法案は今後この制限を拡大強化することをうたっており、「社会秩序維持」のための取締り強化さえ目論んでいるので、その反人権性は明らかである。

(1)について　現行憲法は国家緊急権を積極的に排除・否認している。水島朝穂『現代軍事法制の研究』によれば、国家緊急権とは、「戦争、内乱、大規模自然災害等国家の維持・存続を脅かす重大な非常事態に際して、平常時の立憲主義的統治機構のままではこれに有効に対処しえないという場合に、執行権（政府・軍部）に特別の権限を付与または委任して特別の緊急措置をとりうるように国家的権力配置を移行する例外的な権能」を指すものであり、憲法前文の理念及び九条は「戦争」そのものを想定外に置いており、その意味で国家緊急権を排除している。内乱については、刑法七七―八〇条、破壊活動防止法四条及び三八条に規定があるが、そもそも「陸海空軍その他の戦力は、これを保持しない」のであるから、「執行権に特別の権限を付与または委任」する場合、その対象としての「軍部」は存在せず、政府という行政機関が行政的措置で対処するしかない。従って日本において国家緊急権が問題になるのは「戦争」をおいてない。戦後の憲法学の分野では、この国家緊急権をめぐって、国家緊急権の規定を欠いている現行憲法は欠陥であるとする説、憲法は国家緊急権の行使を積極的に排除しているとする説、現行憲法下でも国家緊急権の行使は可能であるとする説とが分立・並行してきた。いうところの戦後民主主義はこの問題を俎上に乗せることを回避してきたが、政府・防衛庁の国家緊急権認識は一貫して、欠陥説、解釈による可能説に立脚して、改憲の課題の一つとして位置付けてきたに違いない。

(2)について　纐纈厚は、日米安保体制を「日米軍事一体化路線」と喝破したが（『有事法制とは何か』）、現状は正にその通りであろう。日米安全保障条約第六条によれば、米軍への協力・支援については、米軍の施設・区域だけに限定されていたが、新ガイドライン及び周辺事態法により、この地域的限定は実質的に米軍が活動する世界全域に拡大された。同時に新ガイドラインの合意成立によって、日本列島は事実上有事体制に入ったと認識するほかない状況である。なぜなら、周辺事態法には、日米政府が各々の政策を基礎としつつという、いかにも相互の政策の自立性を認めたかのような表現を採りつつも、より安定した国際的な安全保障体制構築に向けて「日米両国政府は、平素から様々な分野での協力を充実する。その協力には、日米物品役務相互提供協定及び日米相互防衛援助協定並びにこれらの関連取り決めに基づく相互支援活動が含まれる」のであるから、現在以上に日常的且つ密接、また広範な分野での協力関係が形成されることは明らかである。このことは日本において平時からの軍事動員態勢の確立が求められていることも意味する。これの具体化が今次のイラク戦争への日本の参戦＝自衛隊派兵として実現したのであり、先頃開催された日米の軍事担当閣僚による２プラス２において、一層緊密な軍事一体化路線は強化されることになろう。

集団的自衛権に関する政府の憲法解釈は、「自国と密接な関係にある外国に対する武力攻撃を、自国が攻撃されていないにもかかわらず、実力をもって阻止する権利」（一九八一年五月二九日の政府答弁書）と定義した上で、「憲法第九条の下において許容されている自衛権の行使は、わが国を防衛するため必要最小限度の範囲にとどまるべきものであると解しており、集団的自衛権を行使することは、その範囲を超えるものであって、憲法上許されていない」と、浅井基文のいう（『集団的自衛権と日本国憲法』）「権利と権利の行使とを区別する」苦肉の答弁を続けてきたのだが、日米安保条約そのものが集団的自衛権の行使を前提として成立しているものであること、さらに日米安全保障条約関係の歴史は集団的自衛権行使のなし崩し的な蓄積の歴史であったことは明白である。有事法制の制定とは、そうした実体に法文を近づけただけのことに過ぎない。

(3)について「明治」から「昭和」前半までの戦争体制と行政の軍事化の歴史については、纐纈の前掲書の第三章「強化される行政の軍事化」に詳述されている。小田中の指摘を待つまでもなく、戦争が行政権力中枢に非常権限を集中してしか遂行できないことは歴史の教えるところである。事実「武力攻撃事態法」は第一五条において「内閣総理大臣の権限」を規定して、「内閣総理大臣は、国民の生命、身体若しくは財産の保護または武力攻撃の排除に支障があり、特に必要があると認める場合（中略）、関係する地方公共団体の長等に対し、当該対処措置を実施すべきことを指示することができる」。また同様の事態が生じた場合「内閣総理大臣は（中略）当該地方公共団体または指定公共機関が実施すべき当該対処措置を実施し、または実施させることができる」としている。ここでいう指定公共機関とは、独立行政法人、日本銀行、日本赤十字社、NHKなどの公共機関及びガス、輸送、通信などの公益的事業を含む法人を指している。昨年成立した「国民保護法」第一章第三条において地方公共団体及び指定公共機関は、この内閣総理大臣の指示に従う「責務を有する」とされた。乱暴な言い方になるが、要するに内閣総理大臣に国家総動員態勢の構築の権限を付与するということである。

⑷について　小田中のいう「有事法案の反人権性」については、「国民保護法」第一章（国民の協力等）に「第四条　国民は、この法律の規定により国民の保護のための措置の実施に関し協力を要請されたときは、必要な協力をするよう努めるものとする。２　前項の協力は国民の自発的な意思にゆだねられるものであって、その要請に当たって強制にわたることがあってはならない」なる文言があるにしても、「有事」の際に「強制」ではなく「協力」などという言葉がどれほどの意味を持つかを考えれば、相当に「強制」の危惧があることが前提になっている。もちろん小田中の公聴会における意見陳述が時間的には前であるが、この程度のことは予想の範囲であったに違いない。「平時」でさえ「国旗・国歌法」において、強制するものではないとしながら、全国の学校において教職員に強制し、次には教職員への強制を手掛かりに児童・生徒にまで強制しようとしている政府・文科省であるから、このような文言を信用することができないのはもちろんであるが、それだけではなく、「有事」の際の民衆の意識を勘案するなら、こういう絵空事を法文に記してみたところで何の意味もない。同法第一章第五条は（基本的人権の尊重）を規定して「国民の保護のための措置を実施するに当たっては、日本国憲法の保障する国民の自由と権利が尊重されなければならない。２　前項に規定する国民の保護のための措置を実施する場合において、国民の自由と権利に制限が加えられるときであっても、その制限は当該

国民の保護のための措置を実施するため必要最小限のものに限られ、かつ、公正かつ適正な手続の下に行われるものとし、いやしくも国民を差別的に取り扱い、並びに思想及び良心の自由並びに表現の自由を侵すものであってはならない」もまた、いかにも空々しい。

更に(3)の項目とも関連するのであるが、第三四条、第三五条、第三六条は、それぞれ都道府県、市町村、指定公共機関は「基本指針に基づき、国民の保護に関する計画を作成しなければならない」と規定し、第三七条―第四〇条では、都道府県及び市町村に国民保護協議会の設置及び所掌事務まで指示している。この問題については、東京都国民ホゴ条例を問う連絡会が、東京都知事石原慎太郎に宛てて、憲法学者も加わって一一項目にわたって詳細な二七の質問を作成して「東京都国民保護協議会条例に関する質問並びに申し入れ状」を提出しているので、そちらを注目したい。なお同「質問並びに申し入れ」の【質問20】は、「『国民の保護に関する計画』の作成ないし自衛官による研修において、東京都職員及び東京都下の市町村職員・特別区職員の思想良心の自由（日本国憲法第一九条）及び信教の自由（日本国憲法第二〇条）は、どのように保障されるのでしょうか。たとえば『国民保護法』、都の「協議会条例案」・「対策本部条例案」あるいはそれに基づく施策が、日本国憲法前文および第九条の平和原則に違反していると考える職員の思想良心の自由、あるいはこのような軍事にかかわることを行わないという信仰を持つ職員の信教の自由は具体的に、どのように保障されるのでしょうか。なお、『国民保護法』第五条は、基本的人権の尊重を規定しています」と、小田中の危惧に近い問題意識から質問している。

筆者にとって「人権」という近代的な概念に依拠して、憲法が保障する基本的人権に抵触する可能性への危惧から有事法制を批判するという論は、それはそれとして理解できるのではあるが、近代のなれの果ての21世紀という「地球内乱型戦争の世紀」に対する根底的批判としてこれが有効であるかについては疑問なしとしないことも付言しておく。

有事法制と治安体制

近代以降の戦争が治安体制の強化と連動せずになされたことは一度もない。いわば総動員体制の構築ともいうべき有事法制は民間人や行政職員の動員体制を日常的に準備せずにそれがなされ得ることはなく、これを貫徹しようとすれば徹底的な治安体制の強化を必然化する。別の表現でするならば、戦争動員態勢構築の阻害要因は日常的な監視・管理の対象であり、社会からの排除もまた必然化する。住民基本台帳法の改悪や組織的犯罪対策法の制定は明らかにこうした意図の下でのものである。纐纈の前掲書から引用するならば、「内閣行政府の危機管理体制構築の歩みも着々と進められている。内閣官房に内閣危機管理監を新設し、その下に内閣安全保障・危機管理室や内閣情報センターの設置（一九九六年八月）、警察庁における七都道府県に創設する対テロ特殊部隊（SAT）の増強や国際テロ緊急展開チームの設置（一九九八年四月）など、警察の治安機能の拡充も顕著である」という。こうした傾向は冷戦構造の解体以後すぐ始まったものであり、治安のグローバル化とでもいわれる状況が進行していたのだが、例の9・11以降、この傾向が政治過程に露出してきた。政治権力にとって治安の強化は、逆に政権の安定度への不安の露呈であるとして公然とこれを主張することに躊躇があったのだが、9・11以降、この躊躇の心理要因を破砕してしまった感がある。小田中の有事法制をして「武力攻撃には武力攻撃を」という発想であるという表現をかりるなら、「治安紊乱要因には治安の強権的対策を」ということになってしまった。

過去二年間で四回制定を試みながら挫折した「共謀罪」制定を、なんとしても二〇〇五年の通常国会で制定したいとする法務省の動きも、こうした治安強化の一環であることは言を待たない。「共謀罪」の内容、その危険度については本書全体がそれへの警鐘であるから省略するが、9・11以降の世界中での対テロ恐怖という、原因と結果との関係を意識的に捨象して感情を煽る戦略に乗じた治安のグローバル化攻勢と、日本においては有事法制制定による戦争体制構築にあたっての治安体制強化の必要性とがあいまった社会の「対テロ・シフト化」のハードな側面が「共謀罪」の制定であろうし、これの日常化あるいは地域化の側面を担うのが「安全・安心まちづくり」を推進する生活安全条例の全国化であろう。かつて前田朗が「闘う市民社会」と表現した異質性排除を求める「市民意識」に警察が介入して（警察の言い方では連携して）、一九九四年の警察法改定により警察庁に生活安全局が設置されて以降、同局と防犯協会が制定を推進して、既に一五〇〇の自治体で生活安全条例が制定されている。

戦争遂行可能な「普通の国家」構築に向けた改憲の動きと、それを下支えする治安体制強化のハード面ソフト面両方が連動して急激な治安管理国家へとこの国は転換を図っている。

（おだわら・のりお　日本基督教団牧師）

コラム

街頭宣伝に若い女性も飛び入り参加

「つぶせ！破防法・盗聴法」静岡県連絡会

われわれは、オウムに対する破防法団体適用阻止の闘い、組対法（盗聴法）反対闘争を継承・発展させ、戦争国家をめざす治安体制確立の要である「共謀罪」を粉砕するため、労働運動や市民運動の活動家を中心に、さまざまな活動を展開してきた。

二〇〇一年四月以来、今日まで二〇数回にわたる街頭宣伝、四回の大衆的学習会、三二回の『ニュース』発行、さらに二度にわたる地元選出の民主党国会議員工作などを実施してきた。

この闘いの決め手は、一人でも多くの人びとに「共謀罪」の危険な内容とその狙いを知ってもらうことであり、そのために街宣活動に集中的に取り組んできた。数枚の横断幕を張りめぐらし、通行人も思わず立ち止まって手を出してしまうような大胆なデザインのビラを、県都静岡をはじめ浜松・沼津など各地区で、それぞれ三〇〇〜五〇〇枚配布した。一般市民の反応も徐々にではあるが高まり、確かな手応えを感じるまでになっている。ときには若い女性の飛び入り参加もあった。しかし行動参加者が少なく、署名集めに十分手が回らないのが悩みのタネである。

地元選出の民主党国会議員に対しては、昨年二回「面談」を実施した。一回目は三名、二回目は八名全員（うち四名は秘書）と面談することができ、「共謀罪」に対する関心を高めた（うち一名はわれわれの主張に同調する立場を表明）。

「国際共同声明」に対する賛同署名の活動もすすめ、そのなかで中部地区労働組合会議と中部地区争議団連絡協議会の「共謀罪反対決議」をとりつけた。機関紙でこの問題を何回もとりあげた組合もある。

昨年一月には、県弁護士会の会長名で「共謀罪に反対する声明」が発表された。その一方で、全国で初めて「職場防犯管理者制度」なるものが二〇〇二年度から導入され、警察が全事業所に盗視網をはりめぐらそうとしている。

「司法改革」という名の戦時司法の確立を許すな

鈴木達夫

国家戦略としての「司法改革」——憲法と人権の砦＝日弁連の変質・解体

「司法改革」が叫ばれ出したのは、いわゆる「中曽根行革」の国鉄分割・民営化と総評解散・連合発足、引き続く小選挙区制導入の「政治改革」に前後する一九九〇年頃、中坊公平日弁連執行部によってであった。経済同友会は「司法の病理」を論じ、自民党には「司法制度特別調査会」が設置され、政治・行政に続いて、もう一つの三権である司法も「改革」の対象に据えられた。

自民党の同委員会は九八年六月「21世紀の司法の確かな指針」を策定し、それに相前後して経団連・経済戦略会議・法務省も意見書・報告・検討事項を公表した。周辺事態法や盗聴法が強行成立させられた翌九九年の通常国会で、「司法制度改革審議会設置法」が自民党から共産党までの賛成で通過した（社民党は反対）。二〇〇一年六月、小泉首相は、同審議会から「一連の諸改革の『最後の要』」と司法改革を位置付けた最終意見書（以下「司法審意見書」）の提出を受け、「国家戦略としてその実現に全力を挙げる」と言明した。「総評・社会党ブロックを解体し、床の間に新しい憲法を飾る」ために国鉄分割・民営化を強行したと当時の中曽根首相は語った。権力が、この「司法改革」に賭けたものも同様である。戦後一貫して人権の砦と目されてきた日弁連を変質させ実質上の解体に追い込み、改憲の大きな障害を取り除くことが最大の眼目である。

以下、具体的に見てみよう。

裁判員制度――現代の赤紙「人を裁く」ことへの民衆動員

① 番組改変問題で政権党に屈し〝大本営放送〟に転落しつづけているNHKは、先日、三浦友和主演のドラマと日弁連会長・最高裁事務総長・検事総長が列席するシンポを二夜連続で放映した。裁判員制度こそ「司法改革」の最大の売物である。ことさらに二〇〇九年まで施行を延ばしながら、権力は民衆の「説得」に必死となり、日弁連執行部はその先兵役を進んでつとめている。

司法審意見書は、この裁判員制度を、「刑事手続に一般の国民の健全な社会常識を直裁に反映させうる具体的な仕組み」という。

「健全な社会常識」とは、ナチス刑法のキーワード「健全な民族感情」を想起させる。また、今日〝第四の権力〟といわれ、武力攻撃事態法によって指定公共機関とされたマスコミが流布する情報の偏りや危険性もある。

さらに、「直截に反映」とは、三権分立原理の否定だ。民衆意思を「直截反映」すべき政治（国会と内閣）を「法原理に基づいてチェックする」という、司法審座長の佐藤幸治教授が憲法の教科書で繰り返す建前を、自ら破壊しているのである。

② しかし、この裁判員制度に圧倒的多数の民衆は背を向けているのが実状だ。

昨年九月初めの『毎日新聞』全国世論調査（面接）の結果では、「裁判員制度で、裁判は現行よりも良くなると思う三七％、思わない五四％。裁判員をやってみたい一七％、やりたくない五六％」という、裁判員制度否認の明確な結論が出ている。

上述のNHK番組直前の世論調査でも、「裁判員を絶対にやりたくない」「できればやりたくない」が合わせて六四％。その最大の理由は「人を裁くことに抵抗がある四一％」であった。マスコミの世論調査ですらこの結果である。民衆の現実レベルでは、圧倒的に忌避・拒否・非難されていることは容易に推認できる。

「21世紀の赤紙」だからである。裁判員として呼び出される確率は約一三〇人に一人の高さといわれる。ところが、出頭できない事由に虚偽を記載した場合は、五〇万円以下の罰金など、「職務上知り得た秘密」を守る義務は生涯にわたるものとして六月以下の懲役に処される。こうした強制をもって「市民参加」を追求する理由を、司法審意見書は、被告人の権利保障ではなく「国民の裁判に対する信頼を確保するため」という。多くの冤罪や政権援護の政治判決によって、今日すでにその信頼が地に墜ちている日本司法の起死回生策であることを隠さない。まさしく「国民総動員型の統治システムの構築」（小田中聰樹教授）であり、圧倒的多数の民衆は「人を裁く」という国家権力の中枢作用に加担させられることを嫌悪し「抵抗」しているのである。

この抵抗の緩和を企むのが、〝覆面裁判〟という前代未聞の制度である。裁判員の住所、職業、氏名を特定する情報の開示は禁止され、判決書にもその氏名は記載されない。こんな制度が、人間の生命・財産を〝公の正義〟の名で奪い去る刑事裁判といえるのか。また、メディアも含め何人も、裁判員及び裁判員であった者への接触は懲役刑をもって禁止され、裁判の批判どころかその報道すら難しくなる。

③　裁判員が「量刑判断」つまり死刑や刑期の選択まで判断させられるという点も異例である。陪審員制は、検察官の起訴に合理的な根拠があるかどうか、有罪か無罪かを判定す

るだけであり、量刑の判断はしない。

評決が過半数というのも大問題である。陪審員制における全員一致は、それに至る過程が、合理的疑いを超えて真実に接近する一つの道筋といえなくもない。だが、過半数の裁決が、「合理的疑いを超えた」といえるはずがない。「健全な社会常識を直截反映」しただけである。

人を裁く権力作用へ民衆を動員し、排外・差別意識や生の応報感情を「直截反映」させ、戦時にふさわしい簡易・迅速・厳罰の刑事裁判が企まれているのである。
④　二〇〇四年一一月、裁判官役を横浜地裁の現役裁判官がはたした裁判員制度の模擬裁判を桐蔭横浜大学法科大学院が開いた。一二月三〇日付の『朝日新聞』が伝える、その裁判員役をした会社員・自営業者・主婦らの感想には、実に意味深いものがある。
○厳格な守秘義務には抵抗ある。また、無理して出てきても被告人にも被害者にも悪い。
○「貴方の意見は全く的外れ」という裁判官がいたら素人は誰も発言できなくなる。
○大量の事実が示され不安。思いがけず裁判員に選ばれた人が抵抗なくできるかは疑問。
○開かれた司法のための制度と聞いたが、どこで市民感覚が生きたか疑問。
○裁判官の言うことが正しいかなと、つい引っ張られてしまう。
○事の重大さに辞退者が続出するのでは。

刑事訴訟法の大改悪――簡易・迅速・密室裁判

裁判員を長期間拘束できないという口実をもって、刑事訴訟法の大改悪が図られ、その規則も最高裁判所の手で制定作業が進められている。

① すべての刑事裁判において、第一回公判前に、裁判所・検察官・弁護人だけの密室での「公判前整理手続」なる制度が導入される。憲法が保障する裁判公開の原則、及び裁判所は公判開始までは事件について予断を持ってならないという予断排除の原則が、完全に捨て去られる。

検察官起訴事実に対する釈明から、弁護方針と証拠の提示までその密室で求められ、証人の採否・順序も決定されてしまう。いまだ審理がまったく始まっていないこの段階で争点が強引に整理され、公判での新たな立証は許されない（前述のＮＨＫドラマの焦点は、この点で虚偽）。

被告人の黙秘は争点整理への協力義務ということから事実上困難になる。

日弁連が要求していた「全面的証拠開示」は斥けられ、結局、検察官の裁量が幅を利かせることになった。

② 保釈は認められず被告人が長期間身柄を拘束され続ける〝人質司法〟にはまったく手がつけられない。にもかかわらず、「迅速裁判」の名で連日開廷が強いられる。弁護人の援助を受けて被告人が自ら防御する権利はどうなるのか。日弁連は、被告人の身柄・保釈問題で最高裁・検察庁との真剣な対決を放棄したうえ、夜間・休日の弁護人接見要求などという情けない姿勢に転じた。

かつて戦前・戦中の一九四一年、国防保安法と治安維持法の全面改正によって、広範囲の事件について特別手続が定められ、弁護権制限、控訴審廃止、検事の強制捜査権限の強化等がされた。その理由として、政府当局は、迅速かつ秘密で合法的な処理が必要であることを強調した（小田中聰樹『刑事訴訟と人権の理論』一四八頁）。有事法制の成立や自衛隊イラク派兵という時代状況も含め、権力側の動きの酷似を見てとらないわけにはいかない。

③ 裁判官の訴訟指揮権も強化された。弁護人が「公判前整理手続」に出頭しないとき、またその「おそれ」があるとき、裁判所は職権で別の弁護人を付する。また、同手続又は公判への出頭・在席命令に正当の理由なく従わなかった弁護人に対しては、裁判所は、過料、費用賠償及び所属弁護士会か日弁連に、「適当な処置」を請求する義務を負う。

開示された証拠の目的外使用も禁止される。たとえば論文を書いたり、報道のためでも許されず、懲役・罰金となる。前述した裁判員への接触禁止とならんで、裁判報道や批判運動の徹底抑圧である。

④　刑事訴訟法のこうした大改悪に伴って、国会を経ずに最高裁判所だけで制定できる訴訟規則の条文化作業も、二〇〇五年七月の裁判官会議に向けて進んでいる。

刑事裁判は、この規則でがんじがらめにされる。

○訴訟関係人は公判前整理手続で策定された審理予定の実行に協力しなければならない。

○証人尋問請求者の相手方は、反対尋問に要する見込の時間を申し出なければならない。

○証人尋問は、できる限り争点に即した簡潔な尋問を工夫しなければならない。

○反対尋問は、原則として主尋問終了後、直ちに行わなければならない。

⑤　即決裁判　広い範囲で即日判決が可能となり、事実誤認を理由とする控訴は禁止され、刑の執行猶予の言渡ししかできない。実刑を逃れることと引き換えに罪を認めるという「司法取引」が横行する危険性大である。

総合法律支援法――法務省管理の国営弁護

総合法律支援法により、法務省管轄の独立行政法人「日本司法支援センター」が、被疑者段階を含む国選弁護を管理監督する。法務大臣が、その理事長を指名し、また弁護人と弁護活動を規律する「支援センターと弁護士間の契約約款」「法律事務取扱規程」等の認可・変更権を持つ。

弁護士会が国選弁護人を推薦している現行システムは全面的に廃棄され、支援センターが個々の弁護人を指名して裁判所に通知し、弁護士会はまったく介在できない。

弁護士の懲戒権限を有する「審査委員会」がセンター内に設置され、法務大臣は検察と弁護士の両方を管理監督する。戦前・戦中の弁護士が司法大臣の監督下に置かれたのと同様である。しかも、この支援センターが、当番弁護士制度をも運営することを、日弁連執行部は法務省に要請している始末である。

刑事事件の訴追者たる法務省が同時に弁護活動も管理するという制度は、世界にも類を見ない。「支援センターとの契約拒否」の声は全国弁護士の間に急速に拡がっている。権力側も日弁連執行部も、年間最低三〇〇〇人激増する法曹人口による弁護士の就職難・生活窮迫を当て込んでいることは明白だが、〝人権の砦〟として戦後史をリードした日本の弁護士が、かくも露骨な悪政に頭を垂れつづけることは絶対にない。

日弁連の権力迎合・翼賛の阻止が一切のカギだ！

こうした刑事司法の大改悪を、中坊執行部以降の日弁連はすべて積極的に推進し、法務省以上に、赤じゅうたんを駆け回って国会議員の説得に精を出した。また、日本経団連・経済同友会・商工会議所・東京都らの後援を受けて、「日本が変わる　裁判が変わる」と称する市民集会の開催も重ねた。日弁連は、戦時司法への転換に民衆を欺き引っ張る先導役を担ったのである。その歴史的罪科の大きさは計り知れない

しかし、他方では、同じ日弁連内に、その翼賛を阻止し再建をめざすグループが、全国約五〇〇〇名の弁護士の支持を集めて活発な活動を持続し発展させている。また、前述の各種世論調査に顕著なように、圧倒的多数の民衆は、「司法改革」のまかやしを見抜きはじめている。

戦後司法の歴史において、刑事訴訟法や規則の改悪をはじめ多くの人権制限・弁護活動抑圧の制度が登場した。しかし、それらは日弁連の断固たる反対闘争に迎え打たれて、事実上無効・空文化してしまったものが少なくない。例えば刑訴法二九一条の二の簡易公判手続、規則三〇三条の処置請求である。刑事弁護の担い手はほかならぬ弁護士であり、日弁連はその団結体として、対権力の自治を握って手放さなかったからである。

「日弁連を再建し、戦時司法の完成を阻もう!」が、闘う民衆と弁護士の共同のスローガンである。

(すずき・たつお　弁護士)

コラム

新潟の労組の中で

片桐　元

通常国会が一月末、始まった。改憲の先取りとされる教育基本法の改悪案は与党の選挙戦術上の配慮からか、提案がどうも見送られることになるらしい。郵政民営化法案の影にかくれて、「共謀罪」法案の行方がどうなるのか、さっぱりメディアの紙面や番組に登場しない。大手の新聞やテレビが基本的人権にかかわる法律案や憲法秩序を破壊するような法案の内容を伝えないようになって久しい。

ビラ入れや新聞配りへの逮捕、労組執行部に対する一斉逮捕など、この国はもはや戦時下と思わせる治安弾圧がまかり通る。この前、教育基本法改悪反対集会の会場で友人の地元選出国会議員に会った。件のNHK番組への政治家の不当介入問題で発言したら、ネットや電話による抗議介入が殺到したそうだ。右翼勢力による言論弾圧じゃん。

共謀罪法案をめぐる攻防は、今国会が待ったなしの激突の場となるらしい。事件がなくとも二人以上の雑談や話し合った内容が処罰の対象となる恐るべき法案。罪刑法定主義はもちろん、戦後憲法体系、刑事法、刑事訴訟法の体系を全面転覆する内容らしい。しかもそれが「犯罪の国際化…刑法等の一部を改正する法律案」と、一般には何が何だか分からない法案の名で提案される。国会なんて遠い存在と思っていたが、何だか、足元がうずうずしてきている。

「キョウボウザイ」。新潟では労組の中でも、なかなか馴染みが薄いことばだが、それでも知る人ぞ知る天下の悪法。地元選出議員に、きりきりとねじを巻いてもらうと同時に、ここ一番は駆けつけるか。


（かたぎり・はじめ　組対法に反対する全国ネットワーク新潟）

共謀罪と包括的反テロ法制

藤井　剛

はじめに

二〇〇一年九月一一日にアメリカ合州国で発生した「同時多発テロ事件」（以下、「9・11」）以降、世界は米英を先頭に「テロとのたたかい」「対テロ戦争」に突入したといわれる。

地球上のどこにいるかわからない「テロリスト」とのたたかいが宣揚されることで、社会は「テロへの不安」を募らせ、これがさらなるテロ対策を呼び込む結果となっている。日本においても、日本国内での「テロ」の発生に過半数の人々が不安を感じているという政府やマスメディアの世論調査結果が示されている。

このような流れを受けて、この数年、日本政府はテロ対策を主要な政策のひとつとするに至っており、二〇〇五年以降、政府のテロ対策を具体化する立法（入管法改定、「緊急事態基本法案」等）が順次国会に提出されることになっているという。また、包括的な反テロ対策法制についても政府部内、与党等において検討されているという。

ただ、ひとくちに包括的反テロ法制といっても、その内容は軍事や警察・刑事法にとどまるものではなく、社会制度全般を対テロ・シフトに転換するものであり、非常に広範囲にわたるものであると考えられる。

そこで、現在、政府が検討を進めている包括的反テロ法制について概観し、本書のメインテーマである共謀罪との関係について論及する。

なお、筆者は「テロリズム」の原因論等、「テロリズム」全般にまつわる諸問題について言及する能力を持ち合わせていないので、共謀罪との関係を念頭においた、刑事法や警察政策中心のものとならざるをえないことをお断りしておく。

また、筆者は「テロリズム」「テロリスト」の用語は不明確で定義困難と考えているため、これらの用語は括弧付きで表記すべきと考えるが、本稿では煩瑣なため括弧なしの表記を用いていることについてご了承願いたい。

すすむ反テロ法整備

日本政府のテロ対策

日本においては、一九九〇年代半ばに発生した阪神大震災、一連のオウム真理教事件、ペルー日本大使公邸人質事件などを受けて、「危機管理」という観点がクローズアップされることとなった。この「危機管理」の一環として、政府は一九九八年に内閣官房に「内閣危機管理監」というポストを新設し、また、閣議決定で「重大テロ事件等発生時の政府の初動措置について」を策定し、以降、テロへの即応体制の整備が開始されることとなる。

だがなんといっても、政府のテロ対策の方針をより強固なものにしたのはやはり「9・11」である。

「9・11」直後、日本政府は国際社会からの要請への対応に追われることとなり、軍事面のテロ対策として自衛隊のインド洋派兵を行うほか、未批准であったテロ関連国連条約の締結を進め、国連爆弾テロ防止条約の批准と国内法整備（爆発物取締罰則等の改定、二〇〇一年）、国連テロ資金供与防止条約の批准と国内法整備（「公衆等脅迫目的の犯罪行為のための資金の提供等の処罰に関する法律」［カンパ禁止法］等、二〇〇二年）など、矢継ぎ早な法整備を行っている。

他方、政府の全般的な治安政策のなかにもテロ対策は位置づけられ、二〇〇三年の警察庁「緊急治安対策プログラム」においてテロ対策・カウンターインテリジェンス（課報対策）・サイバーテロ対策が網羅的に言及されたのを皮切りに、二〇〇四年の犯罪対策閣僚会議「犯罪に強い社会実現のための行動計画フォローアップ」において、これまで来日外国人組織犯罪対策として位置づけられていた「国境を越える脅威への対応」に、テロ対策の視点が加えられることになった。これを受けて、警察庁は「テロ対策推進要綱」を策定し、具体的な対策が立案されることになる。

また、二〇〇四年春には警察法が大幅に改定され、重大テロ事案や国外での日本国民および日本国の重大な利益を害する事案への対処が警察の事務とされたほか、警察のインテリジェンス（課報）機能強化が図られ、国際テロ関連情報の収集・分析を担当する外事情報部国際テロリズム対策課が警察庁警備局に設置されている（同課に新設された「国際テロリズム緊急展開チーム」は、二〇〇四年一〇月にイラクで発生した香田さん誘拐殺害事件に際しヨルダンへ出動し、情報収集にあたった）。

テロの未然防止に関する行動計画

このように政府は着実にテロ対策を推し進めているのであるが、なかでも、細田博之官房長官を本部長とする「国際組織犯罪等・国際テロ対策推進本部」が二〇〇四年一二月一〇日に策定した「テロの未然防止に関する行動計画」は、今後の日本のテロ対策の方向性を指し示すものとして重要である。

同本部は、二〇〇一年に発足した「国際組織犯罪等対策推進本部」が、先に述べた犯罪対策閣僚会議の「テロ対策推進」の方針に基づき、「国際テロの未然防止」を正式課題とするように二〇〇四年八月に改組されたものである。

同本部によれば「国際テロをめぐる情勢は依然として厳しく、その我が国への脅威は決して過小評価してはならない」という。また、こうした「国際テロをめぐる情勢」によって「国民の不安が増しつつある」のだという。

こうした問題意識に基づく「行動計画」においては、「今後速やかに講ずべきテロの未然防止対策」として、①出入国管理の強化（指紋採取・写真撮影等による入国審査の強化、指定されたテロリストの入国規制、航空機・船舶の乗員名簿の事前提出等）②外国人宿泊客の本人確認強化、③NBCテロに使用されるおそれのある物質の管理の強化、④テロ資金対策、⑤重要施設警備（空港、原子力施設警備、航空機への警察官の搭乗（スカイ・マーシャル制度）)、⑥テロリスト情報収集能力強化の六点を挙げ、すでにいくつかの事項は実施に移されている。

さらに、これらの「防止対策」とは別に「今後検討を継続すべきテロの未然防止対策」として三項目が挙げられている。

なかでも、警察庁、法務省、公安調査庁、国土交通省を中心に、「テロの未然防止の重要性に対する国民の認識・理解を深め、その対策の推進に資するため、テロの未然防止の重要性や、これに関する国の基本的な姿勢、関係機関や国民の責務等に関して規定することなどを目的としたテロの未然防止策に関する法律案」の検討を行うべきとされていることは注目に値する。

ここでいわれている法律案こそ、あらゆる法制度、あらゆる社会制度をテロ対策上の文脈で読み替え、日本に住む人々や社会そのものを「対テロ戦争」に動員し、私たちの生活を不断に戦時下に置く「対テロ戦争」の基本法であるところの包括的反テロ法制にほかならない。「対テロ戦争」を主導する米英では、現在こうした法制度の下、憲法上の諸権利が制約される事態が発生している（後述）。日本においても、すでに制定された武力攻撃事態法、国民保護法が事実上の憲法停止状況を招来しかねないのと同様に、包括的反テロ法制は憲法的諸権利との厳しい緊張関係を生じることになるのではないだろうか。

さらに「行動計画」では、国家公安委員長または法務大臣による「テロリスト及びテロ団体の指定制度」の検討の必要性を挙げている。

この「テロ組織指定制度」によって、指定された団体の関係者の家宅捜索や国外退去が可能になるというのであるが、そもそも国内に何の基盤もなく、具体的な犯罪行為などを行っていない団体や者に対して、強度の人権制約をもたらすことができる点で同制度は、国内での「暴力主義的破壊活動」を根拠として団体規制を行いうる破防法以上に危険な制度であるといえるだろう。

三点目は「テロリスト等の資産凍結の強化」である。すでに、国連テロ資金供与防止条約批准に伴う外為法改定に基づき「テロリスト資産」の凍結は一定程度可能となっているのであるが、これに加えて、日本国内居住者間の取引への規制を行おうというのである。ひとたびテロリストの関係者と疑われれば、日常的な金銭等のやり取りが公安当局に際限なく監視・追跡されることになるのである。

そして、これら「今後検討を継続すべきテロの未然防止対策」が整備されるならば、次なる議論として提案されるのは、警察法や警察官職務執行法改定等による警察権限強化と、刑法・刑事訴訟法等刑事関係法令の改定による「テロ犯罪」の創設と身体拘束・捜査手法（刑事免責、潜入捜査、盗聴の拡大など）等の刑事手続の特例の創設ではないだろうか

(「司法取引導入を検討、おとり捜査拡大も…テロ対策案」『読売新聞』二〇〇四年一〇月一八日朝刊)。

確かに、テロリズムによる甚大な被害は社会的に看過しがたいものがあるのかもしれない。しかし、具体性を欠く「テロへの脅威」を根拠に、従来の憲法や各種基本法の法枠組みを超える法整備を行えば、それは必ず適用対象の拡大や濫用を招くことになる。私たちは、演出される「テロへの脅威」が、何を目指しているのかを冷静に見つめ、包括的テロ対策法等の反テロ立法によって、私たちの社会がどのような負荷を抱えることになるのかを慎重に見極める必要があるだろう。以下で紹介する海外の反テロ法制は、これから本格的にテロ対策を行おうとする日本社会に大いに示唆を与えるものである。

海外の反テロ法制

アメリカ

「9・11」以前から世界反テロ法制をリードしてきたのはいうまでもなくアメリカ合州国である。

アメリカは建国以来テロリストとのたたかいを続けてきたと自称している。一七九八年に制定された敵性外国人法は第二次世界大戦中の日系人の強制収容にも用いられるなどしており、また、南北戦争をはじめ、第一次世界大戦中のドイツ系住民、白人至上主義等の人種差別主義者、アナキスト、戦後のアフリカ系アメリカ人を中心とする公民権運動やベトナム反戦運動、イスラム原理主義運動など、連邦政府の掲げる「自由と民主主義」という価値に敵対する者はすべてテロリストとみなされてきた。

法整備の点では、多国籍企業や軍隊を世界中に展開している関係上、これらを標的とするテロ事件が一九七〇年代以降頻発しており、これに対処するため、一九八四年には国際テロに関する情報提供者に報奨金を提供する旨等を定めた「国際テロリズム対策法」などが制定されている。しかし、一九七〇〜一九八〇年代、一般犯罪対策や組織犯罪対策法制において重大犯罪の厳罰化が進んだことや、国内でのテロ事件にそれほど多くの死傷者が伴わなかったこと等により、テロ対策は一般犯罪対策上でカバーされてきたといえる。

アメリカでテロリストに標的を絞った立法がなされるのは一九九〇年代以降である。イスラム原理主義者による国際テロ等への対処の必要に迫られたクリントン政権は、一九九五年に国際テロ対策として「包括的テロ防止法」を制定した。同法では、テロ行為に対する連邦犯罪の刑の加重、外国人テロリストの強制国外退去、テロ資金規制、テロリスト出入国管理強化等が定められている。さらに、一九九五年四月に発生したオクラホマ・シティ連邦ビル爆破事件等を受けてクリントン政権は国内テロ対策の強化を指示し、一九九六年には「反テロリズムおよび効果的死刑法」が制定されている。同法は、アメリカ国内でテロ行為を行ったあらゆる者または海外テロを国内で計画した者の訴追に関する裁判管轄を拡張し、爆発物犯罪等テロ犯罪の法定刑を引上げ、テロ支援資金の電子通信を監視し、被拘禁者の人身保護令状請求を制限する規定などを定めている。

これらの立法により、アメリカのテロ対策は非常に強力なものとなったといえる。しかし、より強固なテロ対策とその世界化を望む政府関係者は、さらなる反テロ法を計画していたのである。

「9・11」を契機にブッシュ政権は「対テロ戦争」を本格的に開始し、念願であった国家権力の強化と憲法上の権利の制約を、さまざまな立法や行政上の措置によって手にすることとなる。

そのなかでも中心的なものが、合州国愛国者法である。同法は従来のアメリカのテロ対策諸法を一括改定する、新たな包括的テロ対策法である。

愛国者法は、九月中旬に法案が示されて以来、連邦議会上下院与野党議員の圧倒的多数の賛成により二〇〇一年一〇月二六日に成立した。多分に憲法上の疑義を抱え、かつ全一〇章一五六条という膨大なものであるにもかかわらず、このような短期間で成立が可能であったのは、「9・11」というパニック状態を利用したこと、そして何よりも政府が周到にこれらの規定の整備のチャンスをうかがい、準備を進めていたからではないだろうか。

同法の要点は、①令状執行通知なしの捜索等捜査権限の強化（第二章）、③「疑わしい取引」の届出強化およびマネー・ローンダリング規制の強化（第三章）、④テロリスト支援者の入国拒否・強制退去および外国人テロリスト被疑者の七日間の無条件拘束等入国管理の強化（第四章）、⑤テロリズムに対する刑法の強化（第八章）、⑥捜査機関と諜報機関の情報共有等諜報活動の改善（第九章）である。

また、愛国者法第八章では、従来の国際テロリズムの定義に加え、初めて国内テロリズムについて定義がなされた。それは、①人命に危険を及ぼす行為であって合州国または州の刑法の違反となる行為であり、②民間人を脅迫し、もしくは威圧することまたは脅迫もしくは威圧により政府の政策に影響を与えることまたは大量破壊、暗殺もしくは略取誘拐により政府の行動に影響を与えることを意図することが明らかに認められる活動であり、③主に合衆国の裁判管轄圏の内で行われる行為というものである（合州国法典一八編二三三一条）。この定義によってテロ犯罪の捜査範囲が拡大されている。

愛国者法は、国内外のテロリズム全般への対応を強化したものであるが、具体的な法執行局面では、捜査権限を拡大した第三章と移民等外国人管理を強化した第四章が「活用」

されており、在米外国人が集中的な監視の対象とされ、拘束される者も多数に上っているという。また、外国人の拘束については、愛国者法によるほか、移民法の改定や、さまざまな大統領命令によって、きわめて容易なものとされており、とりわけテロリスト被疑者とされた非米国籍人は軍事法廷で裁かれ、キューバ・グァンタナモの米海軍基地への「アル・カイダ兵」とされる人々の無期限の拘禁の事例に見られるように、憲法上の人権保障を十分に受けることができない状況に置かれている。

ブッシュ政権は、反テロ法制の整備だけでなく、その執行機関についても再編強化を行っている。まず、「９・11」直後の大統領令により、テロ対策等米国本土における安全保障に関する諸機関を調整するために国土安全保障局および国土安全保障会議が設立された。しかし、貧弱な予算・人員と指揮権がないことへの批判が与野党から相次いだことから、情報や捜査に関する治安機関であるＦＢＩ・ＣＩＡとは別に、緊急事態への対応、ＮＢＣテロ対策、国境・沿岸警備・入国管理・税関等の領域でテロ対策を講じる官庁として関係省庁を統合し、二〇〇三年に国土安全保障省が設置されることになった。同省は約二〇万人の職員を擁する巨大官庁であり、ＦＢＩ・ＣＩＡとともに愛国者法を執行する部局となっている。現在、アメリカ入国の際に指紋・顔写真の採取が義務付けられているが、これを担当するのが同省である。強大な権限を有する同省に対する米国内の懸念の声は強い。

このように、きわめて広範かつ複雑な形で政府に強大なテロ対策の権限を付与した愛国者法等反テロ法制への批判は、不十分とはいえ立法段階でも存在した。とりわけ、第二章の令状執行の例外規定は、不合理な捜索差押を受けない権利を保障した合州国連邦憲法修正四条を侵害するものとして厳しい批判にさらされた。

また、マネー・ローンダリング対策に藉口してなされる個人の信用情報の諜報機関への提供や、拡大された盗聴がプライバシーを侵害するとして、現在も人権団体や一般市民からの根強い反対が存在している。そのため、この二章は二〇〇五年末、三章は二〇〇五年九月末までの時限立法とされている（しかし、これらの規定を引き継ぐためにブッシュ大統領は愛国者法の延長を議会に働きかけるなどの動きがある）。

こうした批判の高まりのなか、ニューヨーク市議会はじめ、いくつかの州議会、地方議会において、愛国者法が「自由と平等」というアメリカの至上の価値や市民的諸権利、移民社会との良好な信頼関係を損なうものであるとして、愛国者法を批判し、基本権に抵触しない政策を求める決議が挙げられている。

司法においても、愛国者法が違憲であるとの訴えが人権団体よりなされており、二〇〇四年九月二九日には、インターネット・プロバイダに対してＦＢＩが個人情報の提供を秘密裡に要求できる規定が、憲法修正一条の言論の自由を侵害し、違憲であるとの判決が連邦地裁によって下されている。

以上見てきたように、「９・11」のショックとブッシュ大統領への熱狂的な支持から醒めつつあるアメリカ市民社会においては、憲法上の基本的諸権利の侵害という観点から、愛国者法等反テロ法制に対する批判が強まりつつある。そのため、①国内グループへの警察のスパイ活動の公認、②司法審査を経ない捜索などＦＢＩへの強大な捜査権限の付与、③テロリスト被疑者のＤＮＡデータベースの構築、④被拘禁テロリストの情報公表禁止、⑤政府への情報提供した者の免責、⑥暗号による犯罪的通信の犯罪化、⑦テロ関連犯罪での保釈の禁止、⑧死刑犯罪の拡張、⑨テロ支援者の米国市民権剥奪・退去強制等の規定を盛り込んだ「国内安全保障強化法案」（「愛国者法Ⅱ」と称される）は、二〇〇三年の法案公表後、現在のところ制定には至っていない。

飽くなき「対テロ戦争」に突き進む二期目のブッシュ政権の下のアメリカでは、愛国者法Ⅱの立法化をはじめ、さらに強力なテロ対策が立案されることは疑いようがない。しかし他方、憲法的価値、諸権利を擁護しようとする勢力による反対もより大きなものとなることが予想され、「テロからの安全か人権か」を巡り両者の激しいせめぎあいが今後行われることになるであろう。

イギリス

イギリスでは、北アイルランドのイギリスからの独立を掲げる、ＩＲＡ（アイルランド共和軍）が二〇世紀初頭から武装闘争を行っており、反テロ法制は北アイルランド対策として整備されてきた経緯がある。具体的には、南北アイルランドの分離とともに発生したイギリス政府とＩＲＡとの内戦時に制定された、「不法な結社」を禁じる一九二二年の市民権限（特別権限）法に始まり、ＩＲＡの攻撃の矛先がロンドンに向けられ急遽立法された一九七四年のテロリズム防止（臨時措置）法と数次の同法改定法、一九八九年テロリズム防止（暫定措置）法、一九九六年北アイルランド（緊急措置）法などがある。これら北アイルランドのテロ対策では、司法審査なしの拘禁や勾留期間、保釈制限、捜索差押の特例など、テロリストに対する人権保障の例外規定が設けられ、一般法と反テロ法の二重基準で法執行がなされることとなった。

一九九〇年代以降、ＩＲＡが合法活動に転じるなどにより北アイルランドでの武装闘争は下火となるのだが、他方、国際テロリズムの問題がイギリスでも注目され、イギリスのテロ対策は新たな局面を迎えることとなる。

「二〇〇〇年テロリズム法」の制定である。

同法では、これらの反テロ法制を引き継ぎつつも、適用対象は国内外のテロに拡大された。また、アメリカ合州国ＦＢＩやいくつかの国連のテロ対策関連条約の定義に倣い、テロリズムの定義を「政治的、社会的もしくはイデオロギー上の目的を達するために政府、公衆、もしくは公衆のある部分を威迫または強制するための、人または財産に対する重大な暴力の行使、またはかかる暴力の行使の脅威」という一般的なものにした上で、いくつかのテロ組織を別表で列挙し、それらを結社禁止とした（二〇〇一年春にはアル・カイダやハマスも指定）。結社禁止違反には最高一〇年の拘禁刑を科すことができ、禁止団体の支持者であると合理的に看做されるならば逮捕が可能になるなど、手続規定においても警察に広範な逮捕権限等が与えられた。

さらに、「9・11」で多くのイギリス人が犠牲となったことに震撼したイギリス政府は、アメリカの愛国者法に倣い、「二〇〇一年反テロリズム、犯罪および安全保障法」を制定した。同法では、海外のテロ組織を念頭に、「テロ資金」の監視やさらなる警察権限の拡大等が規定され、アメリカ同様にもっぱら非イギリス人が「テロリスト予備軍」として監視、拘禁の対象とされるに至っている。

ただ、イギリスにおいても、テロリズムの定義が、独裁政権に対する反政府運動や各種社会運動をも含みうるほどに広範であることやその不明確さが問題とされている。また、非イギリス人が選別的に標的とされることが差別であるとの批判もなされている。

憲法等人権規定との関連では、身体拘束に関し司法関与を求めるヨーロッパ人権条約五条三項への抵触が問題とされ、イギリスの反テロ法制は修正を余儀なくされている。

その他の諸国および国連の動向

ドイツやフランスなど、大陸法系の諸国では各国の国内事情により従来から結社禁止規定が置かれており、「9・11」以降のテロ対策も英米式の包括法の制定でなく、国内法の小改定で対応する傾向が見受けられる。

ドイツにおいては、憲法に当たるドイツ連邦共和国基本法九条二項によって、目的・活動が刑事法に違反し、または憲法的秩序もしくは諸国民間の協調の思想に反する結社はそもそも禁止されており、これを受けて刑法典上に犯罪的団体結成の罪（一二九条）が規定されている。この刑法一二九条、一九七〇年代のドイツ赤軍などの国内テロ対策として追加されたテロリスト団体結成の罪（一二九a条）および結社禁止規定を置く結社法が、従来のドイツにおけるテロ対策法規であった。また、実体法上の禁止規定に対応して、刑事訴訟法上でもいくつかの手続の特例が定められている。

「9・11」後、これらのテロ対策規定が改定され、二〇〇一年の第一次テロ対策法案では、結社法から宗教団体の除外規定を除くことで宗教的性格を帯びた結社も禁止の対象に含まれ、また、刑法改定によって、国外における犯罪およびテロ結社の罪の規定（一二九b条）が挿入された（これらの規定は「9・11」以前から検討されていた）。同年の第二次テロ対策法案では、公安機関である連邦憲法擁護庁や連邦刑事警察庁等の連携強化、旅券・入国審査の厳格化など、さらなるインテリジェンス機能付与等による権限強化が行われた（二〇〇七年一月までの時限立法）。さらに、EU法である「テロ対策のための二〇〇二年六月一三日の枠組決定」を受けて、上述の一二九a条におけるテロ犯罪の範囲が拡張されている。

加えて、ドイツでは組織犯罪対策法制をテロ対策に援用する動きが見られ、国連でのテロ資金規制強化の動きやEUのマネー・ローンダリング規制の指令を受け、二〇〇二年には資金洗浄罪規定（刑法二六一条）をテロ犯罪に拡大している。

しかし、組織犯罪対策法制の相次ぐ違憲判決に見られるように、ドイツの司法が憲法的価値を逸脱する法制に対し抑制的であることや、緑の党と連立政権を構成する社会民主党のシュレーダー政権が、アメリカの反テロ政策やイラク政策と距離をとっていることから、今後大幅なテロ対策強化は予定されていない。

多くの移民や政治難民を抱え、アフリカの旧植民地やイスラム圏に隣接するフランスでは、爆弾テロ事件が一九七〇〜一九八〇年代に頻発していた。そのため総選挙で保守派が勝利した一九八六年には早々にテロ対策法が制定されている。同法では、テロリズムを「威嚇または恐怖により公共の秩序に重大な混乱を生じさせることを目的とする個人的または集団的企図に関連する犯罪行為」と定義して、爆発物使用等による犯罪結社、殺人、誘拐等をテロ犯罪とした（これらは一九九二年の刑法典の「国民、国家および平和に対する罪」中に、通常犯罪を加重する「テロ行為」として規定された）。また、それらに対する無令状捜索や警察留置の特例など刑事手続の例外規定も定められた。さらに、一九九六年のイスラム原理主義者によるテロ事件を受け、刑法および刑事訴訟法の改定として、「テロ行為」として刑が加重される犯罪の範囲が拡大されるとともに、テロ事件の捜査について夜間の捜索・差押が可能とされた。

ただ、テロ対策「先進国」であったフランスも「9・11」の余波を受けている。

当初少年非行対策として立案された「日常生活の安全に関する法律」は、審議中に「9・11」が発生したことにより、大幅に条文が追加され、テロ対策法としての性格を備えるに至った。同法では、捜索令状なしの車両や家屋の捜索、物品の同意なしの差押、インターネット上の個人情報の司法当局への提供、テロ資金提供罪の新設など、司法および警察の捜査官の捜査権限を強化する規定が盛り込まれた。同法のテロ対策部分は二〇〇三年末までの時限立法とされたのだが、二〇〇三年に成立した「国内治安のための二〇〇三年三月一八日の法律」により二〇〇五年末まで延長されている。

しかし、フランスにおいても、右派のサルコジ内相に代わって、イラク戦争反対の姿勢を貫いた中道のド・ヴィルパンが内相に就任することで、フランスにおけるテロ対策も見直しを迫られることになりそうである。

このほかの諸国では、英米法系のカナダやオーストラリアなどでも愛国者法をモデルに反テロ法制が整備されている。

国連における議論は若干様相を異にする。

「9・11」直後は、アメリカ主導で安全保障理事会決議一三六八号（テロ非難）、同一三七三号（テロ資金供与防止）が挙げられ、国際テロリズムとのたたかいを国連が担うことが表明された。とりわけ一三七三号ではテロ資金の凍結等の即時実行が謳われ、テロ資金供与防止条約などテロ関連一二条約の締結が促進されることになった。

しかしながら、個別のテロ対策の推進にもかかわらず、アラブ諸国とイスラエルとの対立等によって、国連としてのテロリズムの定義はなされていない。「包括的テロ対策条約」の起草についても、テロリズムの定義の紛糾によって「9・11」直後に頓挫している。

つまり、何をもってテロリズムとするかについての国際的合意は存在していないといってもいいだろう。

ここまで、英米を中心とした主要先進国の反テロ法制を概観してきたわけであるが、やはりテロリズムの問題の根源は、貧富の差等の社会的不平等や文化・宗教・地域的価値観の相違に根ざすものであり、それらの究明なしには暴力の根源を断つことはできないのではないだろうか。その意味では、特定の者をテロリストと名づけ、テロ対策を講じることは、特定の価値観を有する者による一面的な価値観の強制でしかないのではないかとの感を持たざるをえない。

共謀罪と反テロ法制

さて、反テロ法の眼目が「テロの未然防止」のため、各種の水際対策、情報収集活動を活性化させるとともに、刑事法領域においても「処罰の早期化」や「将来の犯罪の捜査」が可能とされることになり、本来事後処理的な性格を持つ刑事規制の性格を変容させるものであることは、上述の海外の事例でも見て取れるだろう。

なかでもそのような「処罰の早期化」の要請に最もなじみやすいもののひとつが共謀罪

規定である。

共謀罪規定そのものの問題点や、現在国会に上程されている共謀罪新設法案の問題点は本書の他稿に譲るとして、ここでは反テロ法制と共謀罪の関係について、簡単に触れておきたい。

繰り返すが、反テロ法制のもっぱらの関心事は、過去の犯罪行為ではなく、将来の「テロ行為」である。ひとたび発生すれば甚大な被害が発生するため、テロはどうしても未然に防止されなければならず、そのためには実行の着手を待つことなく、処罰される必要があるというのが基本的な考え方であろう。こうした考え方は、刑法上の内乱の罪、外患の罪、爆発物取締罰則上で未遂や予備の前段階の「行為」として「謀議」が処罰されていることに通じるものである。また、「謀議」が可罰的であることを理由に、逮捕、拘禁が許されると考えられている。

しかしながら、こうした「共謀」「謀議」自体が不明確なものであり、事実上思想・信条が処罰の対象とされることに加え、反テロ法制ではテロリズムの定義の曖昧さも加わり、処罰範囲は非常に広範なものとならざるをえない。

コモン・ローから共謀罪を継受している英米では、制定法上の一般犯罪についても、重大犯罪を中心に多く共謀罪規定を有しているのであるが、共謀罪規定は組織犯罪やテロ対策としても活用されてきた経緯がある。

とりわけ、アメリカにおける組織犯罪対策法制の中核であるＲＩＣＯ法においては、顕示行為を不要とする緩やかな要件で共謀が処罰されることになり、またラケッティア活動（ゆすり行為）という広範かつ不明確な対象範囲のために、同法の共謀規定はさまざまな組織・団体に対して猛威を振るうこととなった。

このＲＩＣＯ共謀規定に倣い、各種テロ関連犯罪処罰規定においても、顕示行為を不要とする共謀罪規定が一連の反テロ法制によって定められている（合州国法典一八編八四四条（ｍ）の爆発物使用共謀罪、同一九九三条（ａ）（八）の大量輸送システムへのテロ攻撃等共謀罪、同二三三二条（ｂ）のテロ殺人共謀罪、同二三三九Ｃ条（ａ）（二）のテロリズムへの資金供与共謀罪など）。

しかし、共謀罪そのものについては、連邦憲法修正一条の表現の自由を侵害するとの批判が強く、また、対象がラケッティア活動やテロリズムといった不明確なものであるために、濫用を懸念する見解も少なくない。

イギリスにおいても、一連の北アイルランド対策法制における共謀罪の規定のほか、一九九八年の刑事司法（テロリズムおよび共同謀議）法において海外テロの共謀を犯罪化しているが、やはりテロの定義の不明確さから、表現・結社の自由を定める国際人権（自由権）規約一九および二二条、ヨーロッパ人権条約一〇および一一条違反であるとの批判がなされている。また、同法は刑事手続の面でも、既存のテロ対策法制を改定し、禁止された組織の構成員に対し証拠法則を緩和するなどの刑事手続の特例を定めていることから、無罪推定等を保障する国際人権基準に違反するといわれている。

このように、歴史的に共謀罪規定を有し、また包括的反テロ法制が施行されている米英においてすら、反テロ法制と共謀罪の結合には強い批判がなされている。

日本においても、ひとたび反テロ法制、共謀罪規定が導入されるならば、これらと思想・良心の自由を定めた憲法一九条や、集会・結社・表現の自由を定めた憲法二一条、適正手続を保障する憲法三一条などの憲法的諸権利との衝突は必至ではないだろうか。

この件に関しては、おりしも、自民党新憲法起草委員会「国民の権利及び義務小委員会」が、憲法二一条の結社の自由について、「国家や社会秩序を著しく害する目的で作られる結社は、制限できる」として改定の方針を打ち出している。

こうした改憲の動向も注視していく必要がある。

むすびにかえて

以上見てきたように、「9・11」以後の諸国のテロ対策法制はエスカレートの一途である。これは、ひとえに「テロへの脅威」が抽象的なものでしかなく、「見えない敵」とたたかうために、社会の内側に「敵」を不断に見出さざるをえないテロ対策の宿命でもある。その結果、近代以来獲得されてきたさまざまな基本法上の人権保障規定は、いとも簡単に例外を許し、その例外が度重なる法改定によって原則に取って代わられ、人権保障規定自体が危機を迎えているといっても過言ではない。

日本政府も、国際的に見て日本だけが法整備を行わないとすれば、テロリストの抜け穴（ループホール）になってしまうとして、このような反テロ法制の危険な側面を顧みず、テロ対策諸法の整備を急いでいる（この「ループホール理論」は、麻薬特例法や盗聴法等組織的犯罪対策三法、そして共謀罪立法等の組織犯罪対策法制で政府から繰り返し述べられてきたものであるが、そもそも具体的な組織犯罪の脅威と規制の必要性等の立法事実が不存在であるとして厳しく批判のなされてきたところである）。

イギリスではテロリスト摘発のために「スーパーグラス」と呼ばれる密告スパイが内務省によって多数投入され、それによる重大な冤罪事件が多発した。この日本においても一連の共謀罪立法、テロ対策法制が整備されるならば、不明確なテロ犯罪を根拠に捜査が行われ、共謀罪規定によって思想が処罰され、密告が奨励される日がやってくることになるかもしれない。また、包括的反テロ法制は、かつての治安維持法等の治安法規がそうであったように、テロリストとレッテルを貼ることで、現体制に異議申し立てを行う者を容易にあぶり出し、社会的に排除する機能をもつことになるだろう。

漠然としたテロへの不安と国際協調のみを根拠に反テロ法制の整備を急ぐならば、いずれ社会はその大きな代償を支払うことになる。

際限のない「対テロ戦争」の深みにはまり込むのか、ここで立ち止まり、引き返すのか、私たちの社会は、いまその重大な決断が迫られているのである。

（ふじい・つよし　龍谷大学大学院）

コラム

法務省の早期制定策動を許さず、共謀罪廃案へ大きなうねりを！

全金本山労働組合

バルブメーカー本山製作所による一人の解雇から始まった組合つぶし攻撃…組合分裂攻撃…五〇数名の暴力ガードマン導入…ロックアウト・別棟就労攻撃、そして、争議当初で一〇万人を超える警察権力の介入・延べ一四〇名を超える不当逮捕弾圧に屈せず闘い続けた本山闘争は、二〇〇五年一月一九日、仙台高裁で和解が成立し、三月一六日より職場に復帰し就労することになった。争議開始から三四年。

会社が「会社がつぶれるか、組合がつぶれるかまでやる」と豪語しての攻撃、権力の「闘う労組をつぶせ」という思惑を打ち破った。

労働運動の再編の中で、闘いぬくために、上級機関の統制処分・除名にも屈せず、一九八〇年二月に全金本山労働組合を結成し、ナショナルセンターや産業別労組の違いを越えた広範な労働組合・労働者・市民・学生の持続的な支援に支えられ、今日に至っている。

最近、労組・組織壊滅を狙った弾圧がエスカレートしている。事件を捏造しての弾圧、罪ともいえない微罪による狙い撃ち弾圧が吹き荒れている。本山闘争においても、二〇〇三年六月には、中野書記次長に対する東北大学と警察・検察一体の「傷害事件捏造」での不当逮捕・起訴があったが、全国の支援をいただき、押し返してきた。

全金本山労働組合は共謀罪の新設に反対します！！　廃案へ！！

第四章

治安法反対闘争10年の苦闘から

――破防法・組対法反対闘争の記録――

安藤　裕子（破防法・組対法に反対する「共同行動ニュース」編集担当）

石橋　新一（地域共闘交流会）

小田原紀雄（日本基督教団牧師）

小島　四郎（憲法みどり農の連帯）

鈴木　　卓（全国専門新聞労働組合協議会）

滝川　宗夫（破防法研究会）

藤田　五郎（山谷労働者福祉会館活動委員会）

山中　幸男（救援連絡センター事務局長）

破防法団体適用阻止闘争――共同行動の原点

司会（石橋） 共同行動の原点は1995年末からの破壊活動防止法の団体適用反対闘争です。95年3月に地下鉄サリン事件があり、以降、オウム真理教に対する大弾圧が続いた。その中で、オウム真理教の性格規定や救援すべきか否かをめぐって大論争が起きていた。12月に村山内閣が破防法団体適用請求という戦後初めての攻撃を仕掛け、そうした流れの中で実行委員会が結成されることになった。どういった論議のなかで実行委員会結成に至ったのか？

山中 95年のオウムへの一連の弾圧が、いろんな意味で今日の雛形となっていると考えるかどうかという問題がある。当時、麻原や信者らの大量・微罪逮捕、オウムの弁護士の逮捕、マスコミのデマ報道、家族・子供の児童相談所への隔離など尋常でない事態が続いていた。それらに反弾圧・救援としてどういうコミットができるのかというのが自分の問題意識だった。オウムは反革命・救援すべきではないとの党派のアジテーションもあったが、先行的な弾圧、宗教法人資格剥奪、経済的な破産、それから組織破防法という攻撃のどこで反対闘争を組むのか、というところで、何も太刀打ちできない状況が続いていた。

石橋 私は12月の第1回実行委員会に初めて参加したんですが、そこで「オウム弾劾・破防法反対」なのか「破防法反対一点での共闘」なのか、闘いの基軸をめぐって大論争になった。結果的に、2月23日破防法反対集会への呼びかけ文を半分くらいにしてもらったけれども、実行委員会形式で闘おうということになったのはどうしてなのか。

小田原　破防法煽動罪を適用された被告たちが、破防法に反対する共同の戦線をつくるべきではないのかと真剣に考えていた。なんとしても破防法反対の連携をとりたいという話だった。あるいは、オウム破防法弁護団で奮闘した内藤隆弁護士から応援団をつくってくれという話もあった。だから、最初にとりあえず集まってみましょうっていったときに結構な人数が集まった。危機感みたいなものがあったんだと思う。

石橋　救援運動・市民運動から新左翼諸党派まで30〜40人、様々な流れの人たちがいたと思う。

小田原　オウムをどう規定するかでにっちもさっちもいかないことが何回もあった。あれが大喧嘩で終わってしまっていたら、その後、反治安法戦線なんか出来やしなかった。とにかく課題別共闘で団体適用を阻止するんだ、それ以外は討論を続けると、そのことを我々はずっと言い続けて、現在までやり続けてきたっていうのは、破防法反対実行委員会、共同行動の一番大きな成果じゃないか。それと歴史学者の井上清さんなど戦後左翼で、これはまずいぜって思うのが大量にいたんだ。確かにオウムの味方と見なされることもあったが、そのこともわりあいうまく乗り越えられたね。オウムの味方をしているわけじゃない、我々は破防法の団体適用に反対している。そういう全体の流れをうまくつかんだっていうことだと思うけどね。

滝川　70年安保・沖縄闘争への破防法煽動罪適用があり、天皇代替わり時に破防法がかけられるかというように何回かくぐり抜けてきた。だから破防法の重大な位置について一定の見解はもっていた。それが一番大きいんじゃないか。もうひとつは、一つの党派だけではまったく手に負えないような攻撃だし、運動としてもそういうものを創るべきだというのがあった。

石橋　左翼の感覚の中で、破防法がどういう形であれ宗教団体に適用されるということを恐らく考えていなかったと思う。その点でもすごく衝撃的だった。破防法のいう政治目的とは全然違うわけですよね。実行委員会の運動は急速に盛り上がって、96年2月23日の豊島公会堂での集会には900人くらいが集まった。

小田原　破防法が危険な法律であるっていうのが一般化していたわけですよ。もう一つは、破防法に反対する具体的な運動があったということが大きかった。この二つがなければ緊急の大集会は成立しなかったと思う。

石橋　発足した破防法反対実行委で毎回のようにものすごい論争になった。私はオウム弾劾が前提だというのなら青山の教団本部にデモをかけてから言えと実行委員会で怒鳴った記憶がある。もうひとつ覚えているのは、中核派の破防法被告藤原慶久さんが共産同のさらぎ徳二さんの破防法判決報告集会で〝本気でつぶしにいく〟と発言したことです。なるほどなって思いました。確かに、本気でつぶしにいく、勝ちにいく構えがあるか否かで運動のやりかたが全てにわたって違ってしまう。それが運動のなかで形成されたと思う。以降、定番になった少数での霞ヶ関昼デモや、東京拘置所で開かれた公安審査委員会会場に押しかける闘争をやったり、日比谷公園で大衆的なハンストをやったりということがあって、最終的には団体適用を阻止できた。勝利できた。

山中　東京拘置所で弁明だなんて、敵も非常識だったけれど、僕らもデモ終了後に荒川土手から東京拘置所に迫るなど、あんな闘いをよくやれたと思う。今やったらえらいことだよ。

破防法は錆びた宝刀になった

石橋　阻止できた要因の中で、私としては、一つには破防法が欠陥商品だったということがあるような気がする。もう一つは公安審査委員会が攻防の焦点となったこと。国会でやられていたら勝てなかったかもしれない。公安審査委員会はなんだかんだいっても独立機関だから。そういう意味では、破防法は伝家の宝刀ではなく錆びた宝刀だと言えるようになった、ようやく押し込んだというのがこの時期の運動だったと思う。

滝川　その二点以外にも、52年の時の制定反対闘争が戦後の階級闘争の中で大きくて、破防法には皆が立ち上がらなきゃってのが形成されていた。左翼というより戦後民主主義の最低限の共通感覚だったんじゃないか、そういう闘いだった。それ以降、組対法・盗聴法の時もそうだけど、反対闘争の意味はものすごくデカイなと感じたね。破防法団体適用阻止闘争は最初は結構重いところがあったじゃない。破防法反対と言ったら、直ちにお前らはオウムを許すのかと反論されるような、社会を覆っていた大きなムードがあった。ほとんどの人が沈黙しちゃったんだもの。今も「テロ」の問題や北朝鮮の問題で同じことに直面している。

小田原　確かにあそこまで強引に破防法請求までもっていって、それこそ政府の全力量をかけて、マスコミを動員しながらオウムを叩き潰すという方向で動いていたにもかかわらず、適用できなかった。公安審棄却決定に対して自民党から激烈な批判がで、破防法の改悪って言ってくるのも当然だよね。しかし破防法を改悪して、もっとすぐ使えるようにされたらこれはもう度し難いものになる。

石橋　今、９・11事件を踏まえて新たに包括的な反「テロ」法が画策されている。支配者も、団体適用攻防を通して現行破防法の限界を実感している。一つは破防法の対象を政治目的に限定していること。もっと規制対象を広げることが狙いとしてある。もう一つは、６ヶ月間の活動制限から組織解散の二段階論をとっていること。直ちに解散にはいけない。三つ目は、暴力主義的破壊行為があったという前提がなければならない。言うところの事前予防ができないんですよ。四つ目は財政的破壊攻撃が、破防法の中には解散処分確定後の財産の整理としてしか規定されていない。そういう意味では、反「テロ」戦争が叫ばれる今の状況からしてみれば、破防法は欠陥商品だった。冷戦・戦後的力関係のなかで、もっと広く作ろうとした破防法を一番小さくした形で作らざるをえなかったから、その限界がこの時点で出てきたとも言える。

小田原　私は内藤弁護士の総括の言葉で強烈に覚えているのは、総括集会での〝勝利はさらなる反動を呼ぶ〟っていう発言。名言だと思う。

課題別戦線のありかたについて

石橋　総括をめぐっては言いたいことは沢山ありますね。反対運動がオウムを排除したから今の厳しい事態を招いているという批判も出されている。オウムを反対運動が排除したから差別・分断されて今に至っているんだという言い方だけど、私はそうではないと思うんです。同じような声は暴力団対策法や東京都拡声器規制条例反対闘争の時にもありました。私は暴対法に反対ですが、だけれども反対闘争を暴力団と一緒にやるかやらないかは全然別の問題だと思う。私たちは日常的には争議の現場で経営が雇った暴力団や右翼と対峙している。悪法反対を運動やるにしてもそれぞれがやるしかないんです。

小田原　それは今になってみればはっきりしているんじゃないですか。麻原だし、サダム・フセインだし、ビン・ラディン、金正日だしね。それで全体がわーっとくるわけで、それじゃ元に戻って麻原やフセインと一緒に闘えるのかと。

安藤　敵の攻撃に対しては反対だというのは共通でも何を目指すのかというところである程度一致していないと、具体的に一緒にスクラムを組む対象にはならない。私は、運動のなかでの意見やスタイルの大きな違いを、本当につぶしにいくっていう議論、敵に本気で勝つっていう議論で越えてきたと思うんですよ。本気で勝つためには土手のところでデモもやったし、最前線の攻防点でいつも闘ってきたし、闘争を設定してきた。本気で勝つために、敵に勝つために、誰がどう反対して誰と共にやりきるのか、という敵との関係だけで判断していくという風にやってきたんだと思う。そこで判断するということに基軸を置いてきたから、様々な利害や軋轢を超える根源的な要素を持ってきたんだなって思っている。

小田原　共闘自体が反弾圧とか反治安法といったように具体的に課題を絞っているから。反戦闘争などに場面を広げれば対立は深刻化するけれど、論議の問題と実態的な運動をどう作っていくかということは違うからね。だから、論争の激しさがあっても、それがすぐ運動自体に反映して亀裂を生むことはない。そういう共闘の特異性っていうのか、それがある種の持続性にもなっているんじゃないかな。

石橋　小田原さんはよく「小異を捨てて大同につく」って言うけれども、私の場合「大異をおいて小同につく」というスタイルで、少し構えが違うんですよ。

小島　私の場合、破防法阻止・内ゲバ反対という立場で、この共闘に加わった。

鈴木　私の中には、いわゆる戦後民主主義の中で治安維持法とか破防法の危険性が頭に叩きこまれている。それが現実に適用されるという危機感があった。いろんな運動があったけど、結集を呼びかける主体の問題ですよね。70年からずーと、内ゲバもあるけれども、それ以外にもどうオブラートに包もうと単独党派が呼びかけたものには結集できないわけですよ。破防法の時は治安法に対する私のイメージと、もう一つは救援連絡センターや日本基督教団あるいは反弾圧・反治安法闘争をそれぞれ闘ってきた部分が共同して呼びかけるということで、行けるというのがあった。行きたいけど行けなかったのが、行けるっていうのがあったんじゃないか。

組織的犯罪対策三法反対闘争への出立

石橋　破防法反対闘争の過程で、法務大臣や様々なレベルから組織的犯罪対策法、あるいは盗聴法を制定すべきだという意見が噴出していた（96年10月8日法制審諮問）。組対法三法の制定過程の特徴は、村山内閣以降の自民・さきがけ・社会党連立政権が続く中で、法案上程まで2年以上かかっていることです。その過程で大小様々な闘いをやって、それがある意味では99年の攻防を主体的に作り出したたというのが大枠の流れになる。私の思うところでは、破防法反対実を破防法・組対法に反対する共同行動に継承・発展させた、全国各地の破防法反対の闘いを組対法に反対する全国ネットワークとして継続しえたことが闘いの起ち上がりにとって決定的だった。ゼロから始めてたら勝負にもならなかった。もう一つは、弾圧と闘う労働運動が登場したというのが運動の主勢力の問題とすれば大きかったと思う。東工大など学生運動の登場もあった。更に、日本消費者連盟などを中心に破防法に反対する市民連絡会が発足するとか、破防法・組対法に反対する全国弁護士ネットワークが活動するなど、反対運動が全国的にも地域的にも、戦線的にも広がったということです。それぞれ独自の集会をやったりしながら連携して運動を進めていたというのが大きい。三つ目は、国会をめぐる闘いということでは、社民党の保坂展人議員と共産党で盗聴された緒方靖夫議員が初めから頑張ったんですよね。

鈴木　98年７月参議院選挙で自民党が大敗する中で福島みずほさんと中村敦夫さんが登場してきた。２人の活躍がなかったら広がらなかった。２人が中心に座ることで全体として広がっていったという感じがある。

小田原　課題別共闘の組織だから破防法団体適用阻止闘争が終わったらやめようかというのがあったわけだよね。しかし、いつも一つの闘いが終わってやめるかと思ってると敵は次のを出してくるんだよ。やめられないよね。それと、労働組合が参加してきた。それも自分らがズタズタに弾圧受けているようなところが入ってきて、やるぞっていう構えをみせた。我々に過激派っていうレッテルが貼られているところに労働組合が合流したのはかなり影響力として大きかったと思いますよ。それと広げる力の点では佐高信・宮崎学・辛淑玉・大谷昭宏の表現者４人の奮闘が大きかった。

滝川　一つ終わると次が出てくる。しかも激しい。やはりこれは、時代の転換期にさしかかっている、支配階級がそれまで通りにはやってゆけないということだと思う。俺の感覚で言えばオウム破防法と、組対法・盗聴法が出てきたのはちょっと質が違うんじゃないかって感じがしている。オウムは突発事件に対してどうするのか、つまり対症療法的。アメリカもこの辺りから反テロリズム法を作っている。ただ、日本の場合は破防法団体適用が一度つぶされてたから、以降、破防法を避けるようにして、パッチワークでいろんな法律を積み足してきたんじゃないか。このパッチワークをつないだら、旧憲法的・国家至上主義的感覚の74年「改正刑法草案」がみえてきたかなと思ったら今は、共謀罪新設などもっとエスカレートしている。

小島　組対法三法反対闘争を盗聴法反対という。つまり、民衆管理という側面に焦点を絞ることによって大衆化していったんじゃないの？

石橋　それは共同行動の考え方や闘い方とは全然違う。要するに組対法三法は処罰・捜査・司法手続き一体で、その本体は組織的犯罪処罰法にある。盗聴法に本体があるかのような考えは一面的ではないかということを突きだして闘ってきた。

小島　それは別にいいんだけど、運動から見ると。

石橋　運動の創りだし方から言えばね。

鈴木　政党の中で組織的犯罪処罰法について一言も触れなかった党は一つなんですよ。自民党も公明党も、もちろん社民党・民主党は何回か質問したけど、99年通常国会最終盤のマラソン演説ですら触れなかったのは共産党だけです。全く一言もないというのはすごいことですよ。採決で反対しただけ。

滝川　組対法三法闘争の中で、原則の突き出しというスタンスを維持しながら、なおかつ大衆的広がりをどう共同戦線で作っていくのかということが試されたと思うし、それは一定はやりきったんだと思う。

石橋　反省だけど、国連で国際的組織犯罪条約が論議されていることについて、私たちがこれは大変だと自覚したのはもっと後なんだよね。国際的組織犯罪条約の初めての学習会を共同行動ではもう98年10月にやってるんだけど。

鈴木　99年攻防の衆議院法務委員会で、当時の原田法務省刑事局長が、考えられる犯罪対策ということで何があるかという質問に、共謀罪や参加罪、おとり・潜入捜査や司法取引の問題など全部答えていた。司法取引は、組対法三法を諮問する時、日本の国情に合わないということで見送っていたけど。政府はあの段階で次の治安立法の布石を打っていた。

石橋　法務省も、どこまでいけるか分からなかったんだよ。99年春の国際的組織犯罪条約についての政府意見書では共謀罪・参加罪は日本の法制と原則的に合わないとまで言っている。だから、刑の加重を軸に組対法をつくるけれども、その先に何処までいけるかは多分まだ不確定だった。そういう攻防段階だから、やむをえなかったと思うけど、とはいえ国連や政府の動きをもっと詳しく知っていたらまた話が全然違ってた。

小田原　99年の闘争も、組対法、盗聴法、刑事訴訟法改悪を組対法三法とひとくくりにしたけど、全体としてどう関連しているかは当時まだはっきり分かってなかった。今になって21世紀の刑事法とその執行体制が露わになってきて、文字通り一体の攻撃だったということがはっきりした。だから政府・法務省も99年の時に、盗聴法を切り離せば組対法は簡単に通ると言われながら、三法同時制定にこだわったんですよ。もう一つ、法務省の説明も私たちの反対論も、盗聴とは電話盗聴のことでインターネット盗聴ではなかった。小倉利丸さんなどから提起されていたが、国会論戦を含め携帯電話止まりで全体としてはついていけてなかった。

99年第145国会をめぐる攻防

石橋　98年末くらいから一挙に状況が変わる。それ以前は浜四津議員が星陵会館での集会で発言するなど公明党も反対で動いていたが、98年末から自民・自由連立政権そして自自公連立へ急激に動く。一方で寺西裁判官処分や安田弁護士逮捕が98年末に仕掛けられる。99年に入って、周辺事態法・国旗国歌法・憲法調査会設置法・住民基本台帳法改悪・入管法攻撃など時代を画する悪法が一挙に通され、衆院法務委員会でも組対法三法が強行採決される。その辺から激突が始まった。ものすごい濁流だった。こんなに急速な転回が歴史的にあるとは思っていなかったところがあって、それに対する構えの問題があったと思う。要するに99年の第145国会攻防の意味は何なのかと、今も思う。

安藤　99年5月12日に洋書センター争議へ弾圧がかけられた。古い事件を掘り起こした5名令状逮捕と任意出頭攻撃の大弾圧で、文字通り組合つぶしと共闘解体を狙う組対法先取り型の弾圧で、実刑まで狙われていた。私たちとしては、今までとは質の違う弾圧だと受け止めて反弾圧闘争を進めてきた。実際、組対法３法衆院強行採決直後、反撃に向けてハンストに突入する直前の大弾圧で本当にまいったけど、同時に、これは組対法を制定させたら大変なことになると全力投球するきっかけになった。

鈴木　破防法反対闘争以来の国会前と日比谷公園をむすぶハンストを５月17日から53時間やりぬいた。マスコミを通じて反対運動が発展していることが全国に流れた力は大きかった。それまでは組対法・盗聴法の危険性は報じられたけど、反対運動の存在はまったくといっていいほど報道されていなかった。ハンストは３日間で終えたが、それをきっかけにして１ヵ月後の６月24日には日比谷野音集会に８０００人が集まるという大高揚の道が拓かれた。実行委員会でも革マル派の事務局会議への乱入とかいろいろあったけれども、あんなダイナミックな大衆運動の高揚もめずらしい。最大１０００だったのが１ヶ月で８０００人だもの。

小田原　６・24集会の成功を受けて、実際に制定を阻止するためには民主党・連合を動かさなければという提起があり、８月３日の日比谷野音集会を準備した。この集会については、共同行動でもいろんな意見があり、国会前座り込みのなかで緊急会議を開くという緊迫した事態もあった。連合は結成以来初めてと言っていい政治集会共催だったらしいが、集会の中味に問題はあるものの最終盤の激突を準備しえた。

安藤　並行して７月末から連日、東工大を皮切りに共同行動の国会前での座り込み闘争が始まった。最後の４日間は昼夜を問わない大衆的闘いになった。ものすごい時間座り込んでいたことになる。国会内でも、参院法務委員会での乱闘を通じた強行採決、社民党の福島みずほ議員や民主党・円より子議員などのバスター演説、牛歩など様々な戦術で抵抗がくり広げられていた。各党中央は必死に制動していたらしいけれども。

石橋 結局8月12日に強行採決されるけれども、私の中にはそれほど敗北感はなかった。悪法を制定されたけれども、破防法じゃないけど、以降、跳ね返せるという実感があった。実際、盗聴実施は現在までのところ8件（もちろん非合法でやっているが）、権力が日本の盗聴法は厳格すぎると言わざるをえないところにまで追い込んだ。組対法も制定以降、暴力団に猛威を振るっているが、警察のいう「社会運動標榜ゴロ」（労働運動や様々な解放運動のこと）には今のところ適用しえていない。治安立法阻止闘争はもちろん法制定を阻

99年８月３日　5,000人の組対法の盗聴法反対集会（日比谷野音）

止するかどうかだけれども、とどのつまりは、こういう権力と民衆との力関係の問題だと思う。

鈴木　９月に神奈川県警不祥事が発覚する。以降も警察不祥事が続発するけれども、もし組対法審議中に警察腐敗が発覚してたら通せなかった。その意味ではマスコミ規制を含め総合力で負けたということじゃないか。

小田原　滝川さんが先ほど言ったけど、90年代半ばから世界のレベルで、それぞれの国が再編に入っている。国歌法とかは典型だと思うんだけど内心の自由まで奪うのかという攻撃に入ってる。しかし、その危険性を訴えること自体は正しいけれども全体としての攻撃の内容が当時まだ分かっていなかったね、我々も含めてほとんどの戦線が。だから個別にはそれなりに本気で闘うんだけど、なにかパッとしない。組対法反対闘争としては、あの時確かに共産党系や連合を突き動かして大衆的になったんだけど、しかし新左翼諸党派はほとんど動いてないからね。だから、以降、全体的な反撃の流れを創りだしきれなかったんだよ。

99年秋──団体規制法反対闘争について

石橋　夏の激闘を終えて、共同行動としては総括へと入っていく。その過程で政府が「無差別大量殺人行為を行った団体の規制に関する法律」（団体規制法）を突然出してきたわけですよ。後から入ってきた情報では、組対法攻防の真っ最中の６月くらいから民主党も巻き込んで準備をしていたという話だった。法案上程は臨時国会直前に分かった。

小田原　大阪で組対法全国ネットの会議をやったときも、〝大量殺戮規制法案〟とだけ伝えられていたから、これに取り組めるかるかということでだいぶ論議になった。

滝川　結局、提出された法案を見てみたら、全ての団体をガラス張りにする第2破防法だった。

鈴木　何回か国会行動や集会・デモをやったけど、一挙に突破されてしまった。12月3日に星陵会館から国会に向けて、三里塚から帰ってきた仲間もあわせて制定糾弾デモをやったが、結局なす術もなく負けたわけです。今、5年後の見直しということで観察処分だけでなく再発防止処分まで言っている。結局オウムと地域住民との軋轢を奇貨として支配が治安立法の踏み台にしたということなんですよ。

山中　オウム信者の住民票問題は、司法上の判断で決着をつけさせて、自治体は受け入れざるを得ない。でも何かしら事件をでっち上げて公安調査庁生き残りのための特別捜査をしている。少し前に民放でも取り上げてたけど、アルカイダの仲間だったっていうのは全部でっち上げだった。

石橋　第2破防法は観察処分とか予防治安法の新しい特徴を持っているが、その権限を警察庁が手にいれたのが大きいと思う。公安調査庁の生き残りって言うけど警察が権限を手に入れて弾圧しているのは大変なことだ。2000年に入って警察の「不祥事」を糾弾する集会から「のさばるな警察！警察の組織腐敗を告発するネットワーク」（反警察ネット）の活動が生まれ、今も続いている。もう一つは「スパイされる市民活動―おそるべき公安調査庁実行委員会」で公安調査庁との闘いをすすめた。

鈴木　オンブズマンや労働組合・市民団体を監視対象にするという95年1月1日の公安調査庁内部文書が暴露された。政治党派などを弾圧の対象とするのは依然として続いているんだけど、警察・公安調査庁はもっと広く民衆管理全般を問題にしていた。いわゆる公安庁スパイ問題も、こうした公安庁への大衆的反撃のなかに位置づけられて展開されるべきだったんじゃないか。

東工大反弾圧闘争の苦悩

石橋　団体規制法発動直後の00年2月に、共同行動の総括集会が開かれます。基調報告では、国際的組織犯罪条約が00年末までに調印され、遠からず組対法三法が改悪されるという判断があって、条約批准阻止！組対法改悪阻止を掲げ、以降2年くらい走り続ける決意を固めた。それと基調で「運動内部に生じた矛盾を暴力で解決しようとしてはならない。これは解決どころか運動の破壊でしかない」と初めて規定した。今それを言ったのは、集会直後に東工大弾圧が起きたからです。01年は東工大の反弾圧闘争支援、もう一つは、爆弾テロ防止条約批准、テロ資金供与防止条約の国内法化をめぐる闘争をやったんだけども、共同行動が集会をやるくらいで、他には共同行動も参加している盗聴法廃止署名実が院内集会を細々とやるくらいでしたよね。

安藤　東工大反弾圧闘争の総括に関していえば、反治安法の最前線を共に闘ってきた仲間が自分の具体的な弾圧に直面して何故全面屈服したのかということ。もちろん東工大ＯＢの個別運動体の資質みたいなものはあるけど、政治闘争とか反戦闘争や課題別の闘いのなかで現実の生の反弾圧闘争の質・内実を獲得しているのか、していないのかが、深刻に問われた。すごく乱暴な言い方をすれば、抽象化した政治闘争を最前線で闘うことは時には可能だってことよ。共同行動としての総括が問われている。

山中　それはよくあることだよ。僕は彼らが逮捕された時に荻窪署につかまったというんで、山下幸夫弁護士に頼んで接見に行ってもらったんだけど、途中からなんとなく感じてきたことは、東工大ＯＢの共同体的体質から仲間割れ・脱落を阻止するためにやった事件で結果的に全体が駄目になってしまったという寂しい話。初めての逮捕で、実刑をくらった４人は大変だったろう。

石橋　私は獄外の当該の近くにあった構え方の誤りが最大の問題だと思う。初めから、事実を認め謝罪すれば早く出せる、他に波及させないことを第一義とするなどという甘い考えで対処していて、権力にそこを突かれた。しかも肝心な点は私たちも加わっている統一救対に明らかにしない。最終的に弁護団辞任まで行き着いたけれども弁護士の問題ではない。反弾圧の構えというのは、私たちは争議弾圧に晒されてきているからある程度は当たり前の前提になっていた。でも、そうではないなあというのを救対会議での論争で実感せざるをえなかった。この問題は今も続いている。それと公安や司法権力は謝っても許さない、膝を屈するまでとことん人間を追いつめる、脅迫と分断をキーワードにして団結解体を狙っているということがはっきりした。

戦争・治安国家化と「闘う市民社会」論をめぐって

石橋　国際的組織犯罪条約反対闘争を創りだすのは非常にきつかったですね。それと関係するんですが、01年４月21日の共同行動集会に前田朗さんと別役実さんをお呼びして講演してもらった。この辺りから、現実に起こっている犯罪とか事件とか、市民社会との関係で治安立法をとらえ返そうとする志向が出てきた。特に前田さんから、市民社会が組織犯罪との闘いを追求するという形に変わってきている、「闘う民主主義」「闘う市民社会」になってきているという重大な提起があった。集会前にレジュメの「闘う市民社会」という言葉を見たとき、私ははじめ民主主義への幻想かなと思った。共同行動の基調では「近代市民社会の行き着く果てとしての警察による管理主義型社会の形成という目論見と、戦争が接近している時代の十字路に立ち上がった治安法の強化策動」（99年10月5日集会）とまとめてきたが、戦争国家化と高度管理社会化の問題は、ずっと論議になっている感じがする。その点はどうですか。

藤田　00年に石原都知事が突出して、防災の名の下で治安出動訓練を強行したでしょう。それまでは国の政策としての攻撃、ガイドラインなり国旗・国歌法なり盗聴法なりがあった。それが今度は東京都知事が、身近な地域社会の中に、外国人の犯罪であるとか治安悪化要因というものを煽ってきた。迷惑防止条例とか生活安全条例制定、あるいはこの時期に管理体制強化という形で法政とか東大駒場とか早稲田とか一斉に大学拠点が潰されていくわけですよ。セキュリティー、安全、あるいは「治安」という言葉を肯定的に使う形で、それぞれの生活空間みたいなところに、地域社会とか大学というところに一気に仕掛けられてくるのは、00年あたりが転機じゃないかなと思う。そうした中での共同行動集会での前田さんの「闘う市民社会」という提起は、僕なんかはリアルに実感のこもった提起だった。

石橋　日本型の「闘う市民社会」の形成、つまり「警察が市民社会を監視するだけでなく、市民が相互に監視する社会を作り出そうとしていると警鐘を鳴らす」提起だったんですが、確かにそうだと思います。94年に警察法改悪があって警察庁に生活安全局が創られた。公安調査庁も95年に市民団体・労組まで調査対象にしている。ほとんど時期は軌を一にしていますよね。迷惑防止条例改悪も確か99年鹿児島から始まっている。ただそれが何なのかというのは、もうひとつ解明しなきゃいけないという感じは今ある。単に「公安」重視から「生活・管理」重視ということではない。もっと総合的な警察国家化戦略がある。

滝川　戦前の警察も、内務省型で生活も闘いも全部管理してた。治安で取り締まって叩くっていうだけじゃなくて日常的な監視をする、そういう戦前型に先祖返りしたのかなっていうような感じ。警察というのは、いつもそういうことをやりたがってるんだけど、戦後的な制約の中ではね返されてきたものを、戻したような感じもする。

小田原　キーワードとしては、藤田さんが言ったセキュリティー、ちょうど90年代の後半から、「セーフティー」っていう言葉から「セキュリティー」へっていうふうに大きく転換され始めていたということがあって、そういう意味では前田さんのあの表現も非常に面白かった。ただ僕もはっきりよくわからないけれども、なぜそんなに堅いセキュリティー社会を目指すのか。警察とはもともとそういうものだということではちょっと済まないし、その頃から今のような形で、リアルに戦争が見えてたわけでもないわけですよね。一つは、高度に発達した市民社会というのはどこもそうなっていく、要するに異質性を排除するという傾向をどこも持ってしまうということがあると思う。ヨーロッパなんかへ行ってもまさに同じことだし、北の豊かな国ではそういう傾向がある。問題はなぜ人々はそういうことを求めるのかということ。要するに「管理されたがってる市民」が問題で、それをどういうふうに考えたらいいのかというのは難しいところですね。

僕らの若い頃は、デモでおまわりに追い散らされたら、よその家の塀の中に入っても、こっそり隠してくれてたんだけど……。どこで民衆の間に質的転換が起きてしまったのかというのがあると思う。

石橋　集会でも別役さんが「犯罪は社会の病根を知らせてくれる」という言い方をしていて、犯罪のない社会なんて良くないいんだという提起をしている。しかし病根を知らせてくれるということの中身が、この時点でははっきりしていない。

滝川　「司法改革」という名の戦時型司法が出てきて、今年、監獄法「改正」が出てきて、社会保障もどんどん切り詰められてきた。ほとんど揺りかごから墓場まで治安の対象にするということになっている。非常に大掛かりに俺らの人生そのものが上から変えられていく、つまり治安の対象にされていく。その先に見えてきたのがやっぱり戦争と改憲なんだろうな。

小島　国内を安定社会にしようと思ったらいわば鎖国主義的な政策をとらざるをえない。でも全体として日本は少子化だし高齢化で、実際には経済的にはグローバル化で自由貿易協定だとかフィリピンの労働者を入れるとか治安悪化要因だと自ら言ってたことを推進せざるをえないという矛盾がある。国際的な治安管理体制を強化するしかない。一方で、労働審判制などの労働紛争個人処理法・団結解体法ができたんだよね。こういう動きへの反対と反治安法の流れがうまく交差して議論できればいいんだが。

石橋　9・11以前にも総合的な治安弾圧体制が急速にエスカレーションしているのに、大きく反撃しきれない状況はあった。共同行動としては、一方で国際的組織犯罪条約批准反対を訴えながら、00年9月3日のビッグレスキュー反対闘争を構えきって闘い大衆的に成功させるなどそれなりの努力はしてきたんだけど……。

9・11事件と国際的組織犯罪条約反対闘争の苦闘

石橋　国際的組織犯罪条約反対闘争を創りはじめた苦闘の最中に、ハイジャック機がアメリカ国防総省や世界貿易センターに突っ込むという9・11事件が起き、国連安保理決議や米・愛国者法制定など一挙に反「テロ」状況が生まれた。盗聴法廃止署名実で反「テロ」を言うか否かで論議になったこともあったけど、共同行動としては反「テロ」スローガンを掲げないということは共通の了解になっていたと思うんですが、どうですか?

小島　9・11事件があって、〝テロも戦争も反対〟という声の中で、共同行動は、かなり異質な存在としてあったんじゃないかな、どうなの?

石橋　そういう意味では、共同行動の中でも明らかに意見が違うんですよ。例えば9・11ハイジャック突入を支持する人もいる。戦術の問題として賛成・反対を言うのは誤りだと思うけど、あえていえば私は反対の立場。もっと大きな目で、もっと主体的に見る必要があると思う。

小田原　反対だけど反対とは言わないという意見とか。ただそれは論争する話で、むしろ事件を契機として敵の攻撃のエスカレーションの問題があるわけだから。そこではもう一致して反撃するっていう考え方があるから、そんなに大きくはぶれなかった。こういう時代状況にどこか風穴を本格的にあけていくといった場合には、今、孤立しているわれわれが、どういうところから反転攻勢かけるのかというようなことと、セットになるわけでしょう。
9・11からアフガン・イラクに向かう戦争についてだけど、戦争といっても、もう国家間戦争ではない。全ての戦争は世界大の戦争の国内版になっていく、内戦型になっていく、そういう感じの戦争になってるよね。イラクに対するアメリカの戦争は巨人が蟻を踏み潰すような感じじゃない。イラクを国家として認知しない、つまりテロ国家は国家じゃないんだよ。捕まえた奴は、ジュネーブ協定外にしちゃうわけでしょ。巨大な帝国が気にいらない奴を国ごと潰してしまってアメリカの国印を押しちゃうという感じの戦争。

石橋　国際的組織犯罪条約というのは、そもそも90年代の各国の治安政策を大国が世界大で体系化・統一しようとした動き。極めて総合的なんですが、当時、まだ反「テロ」っていうのは合意されてなかった。国連の包括的反テロ条約が民族解放闘争を圧殺するというアラブなどの反対で成案すら出来ない状況だった。今度のイラク戦争はそれを一挙に現場で押しつぶすという感じを受けている。私は反テロ戦争という言葉を使うことがあるけど、今の動きを見てると、自衛隊がイラクで戦争をやる一方で治安出動態勢を前倒しにしてきている。反テロ戦争の立場から国内にも向かってる。一方で警察が、昨年の警察法改悪で対テロ緊急展開チームを創り、外に出ていく態勢を整えている。そういう意味では、今までの「外に対する戦争、内に対する治安」みたいな構図が崩れている。アメリカもイギリスも同じで、戦争と治安が融合してきている。それにどう対抗するかという運動感覚が問われてるんじゃないか。

滝川　確かに戦争と治安の境目がなくなってきているのは傾向としてある。アメリカなんかキューバのグアンタナモ基地の収容所をどう扱うかということで、ほとんど捕虜と犯罪人の境目をなくして両方とも人権の縛りを取っちゃった。イラクではアブグレイブ刑務所なんかは、戦争捕虜の扱いがされていない。去年の10月ワシントン大行進（MWM）にいった人の報告では、アメリカの刑務所の看守がイラクまで出張って虐待してる。ただ、戦争には治安がはりついているとも言えるわけで、戦争と治安を別個のものとして闘うのではなくて、各々を闘いながら、一体のものとして闘える戦略的な備えが、今、強烈に求められている。

カンパ禁止法反対闘争をめぐって

石橋　9・11事件があって、日本では国連反テロ諸条約批准が遅れているということで、爆弾テロ防止条約やテロ資金供与防止条約批准が一挙に強行され、反対運動がほとんど成立しないという状況が生まれた。カンパ禁止法の時も院内集会を小規模でやったくらいで、とてもじゃないけど太刀打ちできないという状況が続いた。その時に感じたのは、国連条約に反対する難しさ……。

山中　どういうこと？

安藤　国際的組織犯罪条約と今通常国会に出される「人身売買の禁止」とか付属3議定書がセットにされている。人身売買や銃器規制はいいことじゃないかというような評価は結構あったじゃない。NGOなど国際的な闘いを推進してきた流れが、国際的組織犯罪対策とセットにされてしまった。国連も非常に狡猾なんですよ。市民が自分たちの安全のために推進するものを逆手に取ってる。

小田原　市民社会ではやっぱり国連はいいとこなんだよ。国連幻想を全然批判できなかったたっていうことと、こちらが国際的な視点を持ってなかったたっていうことかな。

鈴木　団体規制法の時はオウムという印籠を出し、カンパ禁止法の時は９・11を含めてテロ反対、国連テロ資金供与防止条約批准という印籠を掲げて、民主・共産を含めて屈服させた。大きな突破口だったと思う。最初マスコミが「テロ資金の規正法」ということでバッと打ち出した。ところがいざ上程された法案を見たら、「テロ」という言葉は一つもなくて、幅広く「公衆等脅迫目的の犯罪行為のための資金の提供等の処罰に関する法律」という形だった。法案の内容暴露というのもほとんどできないままに、国会攻防に突入してしまってやられてしまった。

藤田　福島さんが〝ハマスへのカンパを私がしたら逮捕されるんですか〟と法務委員会で質問して、法務省は〝福島さんは逮捕されませんよ〟と答弁した。ところが、アメリカでは今、同じような法律でハマスにカンパをしたらパクられている。

石橋　「テロ」という概念が彼らのなかで変わってたんですよ。アメリカやEUでも変わってた。政府に対して異議申し立てをすること全てが「テロ」だということになっていた。この辺がまだ日本の運動のなかで共通了解になっていない。支配者が言う「テロ」の概念が変わってるということについて、私たちがある程度理解していたことは、９・11事件評価の場合にもすごく大きかったと思いますよ。

安藤　あの頃から法務省は、意図的に本物とは違うものをマスコミを使ってリークしてたよね。

滝川　カンパ禁止法のあたりから、法案が具体的な目的、「立法事実」なんか踏み越えた大がかりなものに変わってきたという実感がある。カンパ禁止法も、対象はテロ団体だけなのかなどの論議があったじゃない。「テロ団体だけじゃない」っていう法案の構造というのは、それ以降一貫してるんじゃないか。それが今の共謀罪なんかにもつながってる。

共同行動は治安法、限られた具体的な課題を具体的に攻防していく闘いだったわけでしょう。来たものをどう打ち返すかということでやってきた。それがいつの間にか、良い意味で成熟したということもあって、これから来るものをどう阻止するかというようなところへ進めてきたこともあると思う。共謀罪新設でも、早くから情報を入手して、敵が実際に仕掛けてくる前に、こっちが反撃しなければダメなんだという認識を持って、かなり先行的に闘争してきた。ある時点から、先行的に状況を読みこんで、そこから世界、国際的組織犯罪条約の問題とか9・11事件とかを対象化していくというプロセスに踏みこんできたともいえる。

石橋　02年12月21日に中大駿河台記念館で「戦争と治安管理に反対するシンポジウム」を若い人たちと共同してやった。総合的に治安立法・治安管理の危険性を捉えなおしてみようという試み。確かに99年以前とは状況が全く違う、弾圧も治安管理も治安立法の質も。私たちは組対法・破防法に反対するという具体的な課題別戦線なんだが、それをもう一度、治安国家・戦争国家化の急進展の中でどう位置づけ直すのか、捉え返さなければ闘いきれないという判断を持ったんだと思う。ただまあ逆に言うと、視角は変わったんだけど運動としてどうしようかという話もあって悪戦苦闘……。国際的組織犯罪条約と共謀罪に反対する国際共同声明を考えたのは03年春の共同行動集中討論の時。以降、共謀罪など具体的な課題に固執しながら、同時に治安管理国家化総体にどう反対するか、どう越境するかという模索が続いていると思う。

反戦・反弾圧闘争の揺れの中で

石橋　共謀罪が上程されるということがはっきりするなかでの反対闘争の過程で強く意識していたのがイラク反戦闘争との連帯の問題です。反戦闘争はそれぞれ違う形で闘っていたのだけれど、イラク反戦運動の高揚の中で運動全体が弾圧に対して非常に弱いということが歴然としてきた。

藤田　反戦運動と反弾圧運動の断絶っていうところから、この間かなり論議してきたと思うんですけれども、ベースになってるのはやっぱり9・11直後の対応ですよね。〝テロにも戦争にも反対〟っていう形で打ち出され、市民運動なり労組を中心とした運動がほぼ無批判に乗っかっていく。アフガン空爆反対より前に9・11テロに対する追悼っていうのが先行していった。アフガン戦争への反戦運動は一定程度は盛り上がりつつも、非常に弱いわけですよ。アフガンについてはやむを得ないみたいなことを言って、反戦運動もかなり腰が引けちゃってるという構造が作られていた。そこを内容的に突破する論理というか言葉を浸透させることができなかったのとカンパ禁止法が易々と通される構造というのが、状況的にはまったく一致したと思うんです。そういったベースの上で03年のワールド・ピース・ナウなんかの運動の大きな拡がりがあったので、運動の中で批判の渦を巻き起こしていくというのが不十分だったが故に、警察も仲間だという感覚を許してしまった。弾圧に対しては闘わない、弾圧された者に対しては一線を引くっていうような運動になってしまった。デモをパレードという言い換えもあったけど、基本的にあの「テロにも戦争にも反対」の流れがアンチとか抵抗という概念を削ぎ落としていった。「○○が指導してるから」とか「所詮市民主義は」というレベルよりも、もっと違ったところからこの運動感覚は出てきてる。そこに対してどういう批判を作っていけたのかということから、反戦運動と反弾圧運動の断絶をどう越えていくのかってという論議があったと思う。

小島　アンチ・ウォーじゃなくて、ワールド・ピースだもんね。反戦・反権力では決してない。自分達の平和が善であり、全てである。これを守り広めるということ。しかし、この平和が在日沖縄米軍や自衛隊のイラク侵略とセットになっているのが分っていない。

石橋　〝近いイラク、遠い朝鮮半島、遠い有事立法〟という感覚もあったような気がする。イラク反戦と有事立法がうまく運動の中で合流しない。

安藤　ベ平連や70年前後の反戦運動と今の若者たちの反戦運動の比較みたいな言われ方が若干あるじゃない。あの頃は少なくとも「反戦」「反権力」みたいなものはまだあったよね、何で今ないんだろうみたいな。私は、社会的に創られてきている全体性というか、敵の包囲網みたいなもの、私自身がまだ見えきれてなくって撃ちきれないというか、そういうものがあるような気がする。ワールド・ピース・ナウを仕掛けた男の人が〝イベントだ、ゲームだ〟って言う新聞記事を見たんだけど、やっぱり創られてきている社会性っていうのが何かあるんだろうなっていう感じがすごくするんだよね。藤田さんが03年11月24日の集会で韓国民主労総の闘争について報告してた、少なくとも弾圧された者を守ったり、弾圧に対抗する姿勢は共通のものがあるっていうことが、どうしてないんだろうということとか……。若者がダメだとかいう話ではなくて。

藤田　運動が何か結構バーチャル化しちゃってるみたいなところも一方であり、それが武器になる側面と、反面、なんか落とし穴っていうところもあるし、そのへんがこっちも何となくつかみ切れてないっていう感じ……

石橋　弾圧っていうのは、極端にいうと我が身、隣の人と具体性を持ってるじゃないですか。バーチャル化しちゃうと、横の人との連帯とか、それから自分の中の確信・格闘を深めて対抗する形にいかない。大衆的広がり、カンパニアっていうか、そこに行っちゃうんだと思う。

滝川　弾圧っていうのは、必ず選別して弾圧するわけで、その権力の動きを全体でどうはね返すのかっていうことがないと、やっぱり勝てない。僕が一番治安法反対闘争でデッカイ課題だと思うのは、闘う者に対する弾圧と、社会全体への弾圧、つまり普通の人にもかけられるんだよということの落差をどう越えるのか。運動を大きくするためのバネとして一貫して課題になってるけれども、闘いの論理から言えば必ずしも成功していない。

石橋　立川反戦ビラ入れ弾圧が一番典型ですけど、同じ時期ぐらいから、新しい形で弾圧が吹き荒れ始めてた。どうして反戦運動が反弾圧の質をもって闘えないのかが大きく問われていた。藤田さんや安藤さんのとらえ方は同感だけど、やっぱり権力と正面切って対決する構えをとったらやばい、運動が狭くなるという感覚が中心的部分にもあると思うんだよ。実行委で反対声明を出すとかやり方はいろいろだけど、運動が全体として〝弾圧は共同して跳ね返していく〟構えをとれるかどうかは大事なことだと思う。中心的な部分の状況判断が運動全体を腐らせることだってある。

小田原　愕然とするよね。日本の左翼って何だったんだろうかって。でも真摯な人たちは、あんなところへ行ったたって消耗するだけだからって、今は辺野古へ向かって金と人を送るというのを始めるとか、やっぱり越えていく。問題はそこなのよ。我々はそういう人たちにきちっと僕らの言葉を届けえていない。まだ我々に見えてないよね。

4・11反治安法・反戦緊急共同集会実行委員会の闘い

石橋　03年の11・24反戦・反治安法集会とそれ以降の討論で4・11〝群がって悪いか！のさばるな警察！──共謀罪・警察大増強・イラク派兵反対──〟緊急共同集会実行委員会を創ったけれども、今言われた〝反弾圧運動と反戦運動との合流〟ということが全体の基軸になった。提起されたポイントは二つある。一つは〝治安が急激に悪化している〟という支配の嘘のキャンペーンをどうはね返すかという問題。まだ学者や統一獄中者組合などが提起していたくらいで、大衆運動的には一番初めに問題化したんだと思う。もう一つは、個別の治安法改悪じゃなくて治安国家化が急激に進むなかで、各戦線がそれに有効に反撃できていないという共通の認識があった。今までは「やったやった」と言ってきたけれども、何がやれなかったのかを真剣に出すべきだという提起から始まった。この提起がなかったら今、「治安悪化」キャンペーンに打ち負けて、個別撃破されて、共謀罪攻防どころではないという感じだと思う。

鈴木　〝治安の急激な悪化〟の嘘はまだ『犯罪白書』統計のまやかしというレベルでしか暴露できてない。〝新しい犯罪〟ということをキーポイントにした権力のキャンペーン、それを受け入れる土壌ををどういう形で実体的にはね返していくかということまでは至ってないと思うんだけれども。

石橋　そうだと思う。治安法と弾圧の相互促進という構造は従来からあったけれど、今は治安法や刑事政策転換が弾圧を先導している。だから思いもかけない弾圧が降ってわいてくる。昨日は大丈夫だったのに今日は駄目という感じ。だから治安立法阻止闘争の闘い方と深さがより重要になっている。世界的なレベルでは、90年代末以降、治安法なり治安体制との闘いは続いているんですよ。イギリスでは保安処分反対や反テロ法反対の闘い、ドイツでは室内盗聴法部分違憲を勝ち取った闘い、アメリカでも愛国者法反対闘争が広がっている。韓国では国家保安法廃止が国家的争点になっている。結構拡がってきてはいる。しかしブッシュはブッシュで、今年の年頭教書演説で「自由の拡大」「専制との対決」を打ち出す一方で「テロリストを終身的に拘禁することができるやり方はないか」を検討してる。「自由の拡大」が「終身拘禁」だなんて（笑い）。

小田原　立法事実がないのに次々立法化されるということを、我々は見てきた。これはおかしいよというので……。じゃあ本当に治安は悪化してるのかと。「治安悪化」というのはある種のイデオロギー、石原慎太郎なんか典型だよね。個別に反弾圧で救対をやるだけでは済まない部分があると感じて集まったわけだよね。その頃はまだ言葉としては言われてなかったけれども、「治安のグローバリズム化」の大変な事態が世界で進行してるという共通認識が作られたってことはありますね。しかし、それでも圧倒的少数派の中の共有だけだね。

小島　人権とか自由とか権利侵害など憲法違反みたいな全体的な訴えと、かけられてくる弾圧の関連がはっきりさせられていないんじゃないか。世界的には通信とコンピュータ関係の発展を条件にして初めて可能になった劇的な転換が90年代に進んでいて、それとの関連も含めた弾圧のありようや生活安全条例などの監視体制強化のつかみ方が未だ私達も不十分で、闘いの力が分散してしまっているんじゃないか。だって、やられることは具体的な弾圧。憲法が犯されるって主張している人はそこが全く見えてなかったり、地方、個別具体的な弾圧に視点を置くだけだと全般的な動きが見えないという実状があるんじゃないか。

石橋　精神障害者にかけられた保安処分法は決して例外的な攻撃ではない。法外の処分を法律化するという緊急事態法的考え方が覆ってきている。そこまで来てるってことについてはよく押さえておいた方がいいような気がする。

滝川　要するに事件があったらすぐ犯罪化、法律化する、このパターンは社会をもっと不安定にさせるというか、非常に危うい。支配階級にとって根本的な危機が基盤にあるからそういう状況ができてるんじゃないかという実感がある。起きている事態は、経済のあるいは社会保障の治安化、戦争化っていうか、人間のファンダメンタルなところまで、戦争と治安が覆いかぶさってきてる、そういう感じがする。だから治安立法に反対していくということは、あえて言えば今の戦争の問題だとか、あるいは社会全体のあり方の問題なんだ。いろんな形でもっともっと大量にメッセージを投げかけていく必要がある。これは共同行動としての課題としてあり、その辺りは共同行動の良さみたいなものがあるから大切にしていきたい。それと、様々にタコツボ化せざるをえない運動の人たちとの共通の土俵を常に創っていかなきゃいけないんじゃないかなっていう感じ、ちょっと異論がある人もいるとは思いますけど。

思想処罰の共謀罪は運動つぶしと団結解体を狙う

石橋　共謀罪で私が怒ってるのは発想そのもの。人間は悪いことを生涯考えないっていう発想。検察も警察も政治家も全員、生まれてから一回も悪いことを考えたことがない人間がいるという前提になってなければ、こんな法律を出せない。なんで宗教者が怒らないのか?

小田原　透明な真空空間があって、そこでみんな生きるんだという風な感じだね。社会というのは基本的にリスクを負ってるんだと、いつ何があるか分からないというようなことが全然ないんだよね。もっともっと透明にしてあげるから、もっとガラス磨きまくるから、お前らおとなしくその中にいろ、という発想なわけでしょう。かつては共通の抵抗ラインがあったんだけど、それがみんな本当にタコツボ化して、運動圏が近いにもかかわらず共謀罪なんてろくろく知らない。そこが何なのかっていうのは、検証していかなきゃならない。

滝川　共謀罪は労働者の団結権にかけられてきた攻撃だった。18世紀のイギリスで出てくるのは、賃上げ要求はそれ自身では罪じゃない、だけどそれを集団で、つまり組合的にことを構えることは罪になるっていうこと。そういうところに共謀罪はある。それがもう一度改めて世界的な形で出てきているのは何なのかというのは、結構でっかい問題としてある。今、大抵の労働組合は共謀罪について無関心じゃないですか、労働組合だけじゃないんだけど。そのあたりをもう少し突き出して大騒ぎする必要があるのかなって感じがしますけどね。

小田原　治安法ってのは基本的に団結権や結社の自由の解体を狙うよね。つるんで何が悪いんだってのはあるんだけど、考えてみたら当たり前なんだよ。破防法の扇動罪っていったって、道を歩いてる人が聞いてもその気になるわけないもん。

藤田　この手の治安法が出てくるとやっぱり「狼が来るぞ」ってキャンペーンやるわけでしょ。その原点が警職法の時の「デートもできない警職法」。戦争からまだ十数年しか経ってないからお上の恐怖はみんな身に染みついていた。99年の時も「あなたの携帯が狙われてる」って形で結構やったけれども、その辺が薄れちゃうと、狼が来ってやった時に「いや、結構じゃないか」と（笑い）。監視社会のシンポでも出てたけど、街中に監視カメラやNシステムがついて、こんな監視社会がもう来てるんだ、どうするんだと言ったら「いや、結構じゃないか」、「おかげで凶悪犯の逃走経路なんかすぐわかるし、むしろどんどん監視してもらいたい」（笑い）。大学に管理システムを導入して自主管理も自治会も否定されるからどうするんだと。「いや、いいじゃないですか。痴漢だとか泥棒だとかストーカーだとか防いでくれるんだから、もっともっと管理してもらいたい」っていうところもあるわけ。その時に旧来の、戦前が来るぞ、特高警察と治安維持法という恐ろしい法律を知ってるのかって言うと、「いや、治安は維持されなきゃ困ります」って言う。その時の体感・実感としての治安感覚っていうのが、今日的な自警団を肯定してしまう。だからどうすれば、「狼が来るぞ」的な啓蒙と、それからジョージ・オーウェル的な管理社会がもう来てるぞっていう啓蒙を突破する中身を越えていくか。共同行動がやってきた、先を洞察していく、質を高めてきたっていう内容が問われていると思うんですよ。

共謀罪反対闘争04年春の攻防

石橋　04年は春の通常国会闘争、秋の臨時国会をめぐる激闘と、目一杯の闘いをやって、かろうじて共謀罪制定を阻止した。この辺からは現在進行形なので簡略にしますが、共同行動としては春の闘いを「第１５９国会は戦争立法国会であると同時に、戦後最大の治安立法国会でもあったことは厳に注目しておく必要がある」「支配の攻撃の焦点は、共謀罪新設による刑法総則の予防刑法への転換、その担い手としての警察の「対テロ戦争」態勢への飛躍、そして「戦時司法」の確立に据えられていた」「私たちは、この事態を共謀罪制定と警察突出・司法破壊の同時進行による治安管理国家化完成への骨格づくりであると捉え、治安立法阻止決戦の構えで闘う必要があると訴え、反弾圧・反戦・反有事立法を闘う仲間と力を合わせて全力で闘い抜いてきた」とし、その成果として共謀罪新設立法の審議入りを阻止しえたとしています（7・17共同行動集会基調報告）。私は〝決戦〟という言葉が嫌いで使わなかったけど、この春から使いはじめた。

滝川　04年春は闘いの立ち上がりも早かった。２月28日組対法に反対する全国ネットと港合同の共同集会（大阪）、３月４日共同行動総決起集会を皮切りに４月11日〝群がって悪いか！のさばるな警察！――共謀罪・警察大増強・イラク派兵反対――〟緊急共同集会・デモと４・21刑事司法改悪阻止・共謀罪粉砕集会を二本柱に闘い、５月には司法改悪法案参院審議真っ只中の５月18日、多数の弁護士・労働者・市民が合流した共同の国会前大行動として、共謀罪阻止・刑事司法改悪粉砕の声を唯一あげえた。「司法改革」関連法・警察法改悪・入管法改悪・有事立法などを阻止

04年４月11日　共謀罪粉砕・イラク反戦の銀座デモ

01年11月８日　国会前で，米愛国者法反対・ワシントン100万人行進に参加した４人が報告

しえなかったけれども、治安立法エスカレーションの扇の要である共謀罪新設を上程以降３国会に渡り阻止しえたことの意味は大きい。

安藤　４・11共同集会の意味は大きかったと思う。ゼルツァーさん・金石範《キムソクポム》さんの熱弁はもちろん99年組対法・盗聴法攻防以降最大の４００人近い仲間の参加、反戦の声と反治安法・反弾圧の声の合流、国際的な反治安法戦線への踏みだし、全国ネットの再活性化など、大成功だった。アメリカ愛国者法と闘う仲間との連帯を強めようという機運はゼルツァーさんとの交流会を通じて一気に盛り上がった。反治安法の国際連帯の取り組みは始まったばかりだけど本当に重要な闘いだと思う。

藤田　03年春以来の国際共同声明運動がめざしたものが少し形になってきた。それとイラク人質事件の真っ只中で、デモ終了後、緊急呼び掛けでの首相官邸抗議行動にも警察の阻止線を突破して合流した。これも共同行動の成熟だと思う。

安藤　現場の攻防でも、立川反戦ビラ弾圧への広汎な反撃と3名の仲間の奪還、安田弁護士や爆取事件へのでっち上げ弾圧をうち破る幾つもの勝利判決獲得、刑事弾圧策動を伴う日の丸・君が代処分への反撃、一審反動判決をうち破り控訴審勝利判決を勝ち取った全逓４・28反処分闘争など、反弾圧闘争の新たな高揚が進んでいた。諸治安法反対の闘い、現場の反弾圧闘争の前進、国会・弁護士会での奮闘などなど、総体の闘いが春に共謀罪新設を阻止しえた力だと思う。

鈴木　法務省は、「司法破壊というしかない「司法改革」など治安立法ラッシュのなかで入管法などの参院先議、サイバー条約・日米捜査共助条約先行批准で外堀を埋め、共謀罪制定の機をうかがっていた。「衆議院公報」の順番でいけば5月連休明けに共謀罪審議を予定していた。しかし5月下旬以降は衆院法務委がガラガラであるにもかかわらず結局共謀罪審議入りを断念した。明らかに紛糾しかねない共謀罪審議を避けた。いまだ小さいとはいえ執拗な反対運動が高揚することを恐れていた。と同時に民主党を修正協議に引き込むことを考えていた。

警察増強・司法破壊、そして翼賛国会

石橋　第159国会で大きな焦点になったのは、裁判員制度や刑事訴訟法改悪など「司法改革」の問題と警察の大増強。治安法の観点からいうと治安法をどう執行するかという担い手の再編の問題です。「司法改革」攻撃については、憲法と人権の日弁連をめざす会と共闘して闘ったが、大集会は勝ちとったけど、力不足で充分に反撃を創りきれなかった。警察法改悪については反警察ネットのビラをまいただけ。

小田原　司法と執行体制、これを彼らがきちっと構えきるのに数年かかると思う。それがないと共謀罪と治安立法をいくら創っても、うまく動かない。いろんなところで良い方に改正されるみたいなキャンペーンを張ってきてるよね。

滝川　日弁連主流が法務省との協調路線をとるなかで、法務省も日弁連執行部をとりこめば法案の仕上げを期待できるとツボをこころえてきた。司法破壊攻撃、治安立法・弾圧攻撃と如何に闘う陣形を構築するのか、闘う弁護士との共闘を如何にかちとるのか、という重大な課題を我々に残したと思う。

石橋　警察法の戦後最大の改悪がなされ、国家・有事警察になった。早速イラク人質事件などで活躍しはじめている。警察官職務執行法の改悪も狙われ、国家の中の国家として自衛隊と警察が力を増している。国会議員は治安問題に弱いと思うけど、どうですか。

山中　国会議員で権力欲断ち切ってるのなんていないじゃん。利害関係のあることだけ熱心。法案も読んでない、自分の担当以外は関心がない。勉強もしていない、修正はボスに任せればいいと。共謀罪を本気になって止めようとしている議員はあまりいないんじゃない。今度の共謀罪だって５６０以上にも新設されるとか、そういうところを本当は一つ一つ起こして読まないといけないのに読んでない。

鈴木　国会は審議の場じゃなくて、いかに法案を通すかということで、与党が全て議事日程を立てて国対と各委員会理事が通過のセレモニーをするだけ。もめる法案は3日間とるとか、簡単だから一日で通すとか割り振ってる。たとえば参考人質疑は、法案が出たら、市民なり専門家なりを呼んで問題点を審議するもののはずですよ。しかし今はセレモニーだから、本来は先にやるべき参考人質疑を一番最後に持ってきて終われば採決だとなっている。審議についても、時間は議員数に比例するから、自民党なんか2時間も3時間もあるが、全部放棄して質問しない。野党でも社民党や共産党は質疑15分で総論すら語れないような仕組みになっている。はっきり言って茶番。野次は飛ばせない。精神衛生上良くないですよ、傍聴ってのは。

石橋　条約と国内法は切り離して、国際的組織犯罪条約審議は外務委員会、共謀罪は法務委員会でやる。外務委員はほとんど関心がないから条約はあっという間に通過し、国内法制定への縛りにされる。外務委員会と警察を扱う内閣委員会は危険だと思う。

秋季臨時国会決戦の激闘

石橋　秋の闘いは、法務省が臨時国会での制定を焦ってるとも伝えられ、修正協議がいつ浮上するか分からなかったので、激突必至の覚悟で突入したと思います。それと6月の山田元警察庁長官発言で、反「テロ」法が政治課題になってくることが予測されていたので、余計に力がはいった。10・3山手線全駅情宣、集会、国会前での3日間ハンスト、ワシントン大行進派遣、国会議員への働きかけ、11・8国会前大行動、11・18国会デモ（中止）と連続した闘いが続き、もう年末までへとへとという感じ。

鈴木　山手線全駅情宣もハンストも治安法反対闘争では定番だけど、共謀罪反対闘争では初めての取り組み。

滝川　ハンストは3日間やったが、初日は最大規模の台風直撃というなかでハンスト者も支援もずぶぬれになりながらやりきった。ちょうど国会での最初の攻防過程とぶつかって波及効果満点だった。議員会館に入って議員や秘書と話しても「本気でつぶしにいっている」ということが伝わったのか、それ以前とは対応が大きく変わった。日比谷公園のハンストも公安が来たが手をだせなかった。この前後、マスコミも『東京新聞』や『読売新聞』など幾つか取り上げ始めた。

安藤　10月17日のワシントン大行進に若い人を中心に5名の仲間を派遣出来たのは、以降大きい。4・11集会の継承だけど、もっともっと発展させる必要がある。帰ってきた仲間がハンストに合流してくれて報告を受けたのはグッドタイミングだった。11・8国会前大行動にもアメリカの仲間が多数合流してくれて挨拶してくれた。

石橋　翼賛国会にも、連日といっていいほど全力で切り込んだ。03年春頃は、弁護士会館の前でビラをまいていたら弁護士から「こんな法律出来るわけがない。危機あじりするな」とたしなめられたことがあったし、議員に話しても糠に釘を打つ感じだったのが大きく変わった。秋の闘いの反省点としては、力量の問題で、反対の声を大きく広げることが出来なかったことだが、それにしても激闘をよくやりきったと思う。

安藤　本気で阻止するために、秋は、運動としてかなりやりきったんじゃない。

石橋　ぎりぎりだよ。ほとんど手持ちの弾は撃ちきった。でも共謀罪制定は阻止しえた。これからが本番だけど。

以降の闘いに向けて

藤田　寄せ場の運動の闘いから感じてきていることから言うと、現場攻防はある程度力関係が厳しくてもやりきれるというところはある。焦点がはっきりしているし、何を闘えばいいのかということも明確。治安法反対闘争で一番難しいのは「社会化」というか、問題を広げること。一口に言えば簡単なんだけど、現場攻防を闘い抜いた力で社会化し得る、そういう言葉を自分たちの中から、現場攻防の中から生み出していくということと、それと社会化の回路を自分たちで作り出していくということが必要だろうなと思う。反治安法の問題と反グローバリズムというのは、僕にとっては、何とかそこを結びつけていきたいという課題でもあるんですけれども、抽象概念じゃなくて、そうした攻防の積み重ねの上で、新しい大衆運動、新しい社会運動のありようみたいなことが見えるんではないかと……。

安藤　全くその通りだと思う。みんな共通にそういう感覚を持ってるんじゃないかな。治安法反対闘争でやりきってきた中身は何なのかというところを、もう一段階はっきりさせたうえで、社会化する回路をどこでつかめるのかがこれからの勝負だと思う。

滝川　治安法・治安弾圧体制反対の領域を何で闘うかというのは結構みんな問われてると思う。抑圧や搾取が嫌だ、そこから解放される人間社会を作りたいと真剣に思う。治安問題っていうのは、そういう辺りがギリギリ問われるプロセスになる。それから、90年代末から治安立法がダーッと出てきているという事態はかなり鋭く見ておく必要がある。敵の動きが早くて、ものすごく急いでるというか……、敵の方がかなり腹をくくって決断してるっていうことを見据えて、戦線を作っていかなかったら立ち遅れるっていうのが、この間の大きな教訓なんじゃないか。

小田原　私は日本もアメリカもEUもこのままうまくいくとは思わない。北側の国がやりたい放題で収まっていくとはとても思わないので、その時に北社会のセキュリティーみたいなものが、今のやり方でいくのかどうかというのはわからない。我々はやっぱりそこのところを積極的に解体していく方向でいく。南の社会の人たちとの共闘とか、模索だろうと思うんです。共同行動としては、この共謀罪制定阻止の闘いをするけれども、もう一度やっぱり国際共同声明をきちっと据え直してみる必要があると思う。これは、03年の春から始められた運動だけど、共謀罪の出自が国際条約に依っているだけでなく、９・11とイラク反戦闘争の中で、戦争と治安強化に反対することが、共通の国際感覚になっているので、是非推進したい。

小島　民主主義というもの、どんな民主主義なのかなということをよく考えていく必要がある。民主主義を掲げて侵略が公然と行われることもある。アメリカとは一線画すけど、ＥＵ系のデモクラシーを掲げた侵略に足を取られていって蹴飛ばされて転がるというようなことがないようにしながら運動を作っていかなきゃならないんじゃないかな。

鈴木　国会にかけられたら、数の問題で勝てるはずないんですよね、それだけで見れば。治安法の場合には、立法阻止闘争でどれだけ闘えるか、それ次第で以降の法適用に一定には歯止めがかけられる。盗聴法も小さな事件にしか出来ないし、組対法も現在までは労働運動など大衆運動にかけられない。これは治安法反対闘争の力関係の結果だと思う。やっぱりあきらめずに、真正面からぶつかっていく、考える、集まる、訴える、これをやる以外に、闘いというのはないんだなと感じましたね。勝てるか勝てないかは分からない。実際にやってみたら負けることが圧倒的に多いんだけども、それをやらなかったら、もっとあっさり負けちゃうんじゃないか。闘争の力が一番大事だということを、長年の中でもつくづく感じました。

石橋　破防法反対闘争を共同で始めて今年で10年目です。よくもやってきたものだと思いますけれども、今、闘いは文字どおりの正念場に入っています。以降も闘いのなかで論議を続けたいと思っていますので、よろしくお願いします。

コラム

ワシントン大行進に参加して

下岡　暁

今でも思い出すと頭の芯がジーンとするような興奮を覚える。アメリカに対する良いイメージなど無かった。しかし昨年一〇月一七日のミリオンワーカーマーチ（MWM）に参加した今一番思うことは、アメリカの労働者は信頼できる、ということだ。あまりマトを射た表現とは思えないが、アメリカの労働運動とMWM運動を牽引する素晴らしい労働者たちの印象が忘れられない。

その姿勢は、MWMを全米に呼びかけたILWUローカル10というわずか一二〇〇人の組合活動に代表されている。「一人の傷は、全員の傷」というスローガンを掲げるILWUのなかでも、最も戦闘的な支部として全米に知られ、現場組合員の声を実現する労働組合運動＝ランクアンドファイル（一兵卒）運動をモットーとし、御用組合と闘っている。また港湾労組として、南アフリカのアパルトヘイトやチリの軍事政権に抗議する積み荷の荷揚げ拒否など、数々の国際連帯の歴史を持っている。それらは三五〇万人の労働者の賛同を得たMWM運動の基本精神として貫かれている。

ホワイトハウスのすぐ近く、リンカーンの巨大な彫像を納めた記念堂がMWMの舞台だ。発言する全米の労働運動の代表者の口からは、生き生きとした労働者自己解放の言葉が発せられた。

「われわれは自らの名をもって今日ここからアメリカを変える運動を始める。人民だけが支配階級をゴミ箱に投げ込むことができる。団結すれば私たちは負けることはない」。

　会場全体が一体となってどんどん熱気がたかまっていく。一級のアジテーターばかりだ。言葉はわからなくても感動する。でもそれは技術ではなくて、労働者としての怒りと誇りであり、それを伝えたいという情熱だ。アメリカ労働運動の活動家たちはコミュニストであることを禁止されてきた。しかし革命を直接に語れないことが、逆に彼らの思想をより具体的で大衆的に鍛えあげたのではないかと思えるほどだ。

　ＭＷＭの二二本のスローガンは、国家財源による皆保険の保障に始まり、貧困の廃絶と累進課税、イラク戦争からの即時撤退を要求している。対テロ戦争の正体も、それを口実とする治安弾圧の強化も、戦争で利益を得る企業を肥え太らせ労働者から金を盗み取るためのものだ、と正確に暴いている。ＭＷＭは、アメリカの支配者とその政治の全てに対する労働者階級からの決別と打倒の意思表明であり、その挑戦の第一歩だったと思える。

　集会後の交流会に呼ばれた私たちは、ＭＷＭ実行委員会のメンバーたちから「ブラザー」として迎えられた。連帯（ソリダリティー）が熱く求められた。望むところ。労働者の団結の力を信じ、ともに歩き続けたい。


（しもおか・あきら　10万人保釈署名運動）

ハンガーストライキに参加して

島　耕一

一〇月二〇日からのハンガーストライキに二二日の二日目から参加しました。共謀罪の話は以前から聞いていましたが、ハンガーストライキの期間が、共謀罪の問題性について本格的に考える初めてときとなりました。

様々な活動に関わる中でこんな経験をしたことがありました。昨年九月沖縄県名護市辺野古沖基地建設に反対するためのアピールを国会前で行っていました。すると公安警察とおぼしき者が私に「名前は？」と声をかけてきました。「名を聞くのであれば、まず、そちらから名乗ってください」と返すと、手帳を見せ、さらに「どこに所属している」と聞いてきたので、「個人で行っているので、所属も何もありませんよ」と答えました。すると彼は「普通の市民がこんなことするわけないだろ」と。呆れました。国会前でハンガーストライキをしたり、座り込みをしたりするのは確かに普通の行動とは言えないかもしれません。では、彼の言っている「市民」とはいったいどういった人のことを指しているのでしょうか。

今回のハンガーストライキでも夜、日比谷公園で過ごしながら、他の市民運動、労働組合の方々といろいろな話をしました。共謀罪が成立してしまうと、そんな対話や交流を、警察や公安によって一方的に「市民的ではない」と太鼓判を押され、彼らが勝手なストーリーを作り上げれば、誰でも捕まえられてしまいます。そんな戦前・戦中の治安維持法を上回るような法律を認めることはできません。大前提として「思想」や「信条」は個人の自由であるべきです。そして、こんな近代刑法の理念を根底から破壊するような無茶苦茶な法律を認めることは、「国家」が「個人」の思想や良心に入り込むことを認めることになり、人間の尊厳や知というものを否定することになります。生きやすい息の詰まらない楽しい社会のため、共謀罪に断固反対します。

（しま・こういち　日本基督教団労働組合）

台風直下、共謀罪廃案を掲げハンストを貫徹

菊地安長

私達は、〇四年の一〇月二〇日から三日間、共謀罪新設を阻止すべく国会前でのハンガーストライキに決起しました。「話し合っただけで逮捕される」「標的は労組と市民団体」といった見出しで共謀罪の問題がマスコミでも取り上げられ始め、臨時国会で審議入りするかどうかの攻防局面のさなかです。私は初めてハンスト者の一員となって参加しました。

国会前で、空前の治安法に対し絶対反対の決意を社会的にアピールしようということで、ビラや横断幕などを準備し、いざ当日…。なんと台風（超大型）が直撃してしまいました。しかし！私達はそれをものともせず、雨具を装着して予定通り国会前に座り込み、ハンストに突入したのです。

これに対し、いくつも檄布が寄せられ、国会議員が話しかけてきたり、通行人や知り合いから「体は大丈夫か」「がんばれよ」と激励を受けたり、「命がけの闘い」の反響を実感しました。また、ちょうどプロ野球スト突入が話題の頃で、形態は違えど「ブーム」に乗ったタイムリーな闘いとなりました。

参加したハンスト者と支援は延べ百五十人。昼は国会前、夜は日比谷公園にテント村を作って街の労働者に訴えました。この闘いは連続五九時間におよび、三日目の二二日にはそのまま国会前で仲間を結集してハンスト貫徹集会に突入しました。大きな拍手に包まれる中、私達ハンスト団は「国会議員に共謀罪の問題を訴えることができた。ここから大衆運動を盛り上げて共謀罪を阻止しよう」と確信高く闘いの意義と展望を訴えました。

ハンスト闘争は、連続的な闘いの中で、当面して切迫する審議入りを阻止した決定打的な闘いでした。この地平から、さらに廃案を勝ち取るために、労働運動や市民運動に共謀罪反対の闘いを広げて闘いの爆発を勝ち取り、治安攻撃を打ち破ろう。

（きくち・やすなが　破防法に反対する連絡会）

破防法・組対法との闘いの10年（破防法・組対法に反対する共同行動を中心に）

1994年11月　イタリア・ナポリで国際組織犯罪閣僚会議開催

1995年3月15日　地下鉄サリン事件発生

12月15日　村山内閣、オウムへの破防法団体解散処分請求

1996年2月23日　破防法反対集会（豊島公会堂　2・23集会実、破防法実に改組）

10月3日　長尾法相「組織的犯罪に対処するための刑事法整備」を法制審諮問

10月8日　法制審議会で組対法3法をめぐり議論が噴出

11月25日　シンポ「警察国家への道を許すな―組対法の制定に反対する」に協賛

1997年1月31日　公安審査委員会　破防法団体規制請求棄却

2月23日　「破防法闘争勝利！阻止しよう組織的犯罪対策法」集会

3月　組織的犯罪対策法に反対する共同行動発足

4月19日　「新たな団体規制法　組織的犯罪対策法に反対する」集会

8月30日　「つぶせ！盗聴法、組織的犯罪対策法　許すな！警察管理社会」集会・デモ

8月31日　組対法に反対する全国ネットワーク結成

9月10日　法制審で組対法制定答申を強行採決（反対3、賛成14、棄権2）

10月30日　組対法反対集会・デモ（共同行動の初めての国会デモ）

1998年3月6日　院内集会「組対法＝盗聴法―団体対策法」を認めない市民・超党派議員の集い

3月13日　組対法三法を閣議決定・国会上程

4月18日　「つぶせ！盗聴法・組織的犯罪対策法　許すな！警察管理社会」大集会

6月5日　弁護士が国会デモ　共同行動国会前座りこみ

7月11日　参院選で自民党大敗、共産党・社民党・みどりの会議健闘

7月26日　山手線全駅一斉情宣・集会

10月　国際的組織犯罪防止条約にかんする初めての学習会

11月17日　盗聴法・組織的犯罪対策法に反対する市民と国会議員の集い（公明党　浜四津議員が反対演説）

12月　自民党・自由党連立政権発足

1999年2月13日　「のさばるな！警察　許すな！戦争への道　組対法三法を廃案へ」集会

4月28日　周辺事態法強行採決

5月17日　衆院法務委で与党が審議強行

5月17〜19日　53時間国会前ハンスト

6月1日　衆院本会議で組対法三法強行採決　緊急院内集会

6月9日　参院本会議で組対法趣旨説明

6月24日　盗聴法（組対法）反対集会（日比谷野音、8000人）

7月22日〜8月12日　国会前連日座りこみ

8月3日　「とめろ！盗聴法　まもれ！市民のプライバシー」大集会（日比谷野音、8000人）
8月12日　参院本会議で組対法三法強行可決
10月4日　自・自・公三党連立政権発足
10月5日　「組対法制定糾弾！発動阻止！許すな戦争への道」総決起集会（破防法・組対法に反対する共同行動に名称変更）
10月21日　「無差別大量殺人行動を行った団体の規制に関する法律」（第二破防法）反対の国会前情宣・デモ
11月17日　「思想・言論・結社の自由の侵害を許すな！つぶせ！第二破防法」大集会
11月18日　衆院で第二破防法強行可決
11月26日　「盗聴法廃止へ！署名運動発足」集会（主催：盗聴法の廃止を求める署名実）
12月3日　11月末からの国会前座りこみが続く中で第二破防法を参院強行可決
「つぶせ！第二破防法」集会・デモ
2000年1月20日　公安審、第二破防法に基づき、オウム真理教に対する観察処分申請
公安審に対する抗議・申し入れ
2月13日　共同行動　団規法反対闘争の総括「集会」
4月20日　法務省、共謀罪新設などを検討と共同通信が配信
4月25日　「スパイされる市民活動恐るべき公安調査庁」集会

（主催・スパイされる市民活動実行委）
9月3日　自衛隊の治安出動訓練（ビックレスキュー）反対闘争
10月28日のさばるな警察！警察の組織犯罪を告発するネットワーク（反警察ネット）結成集会
11月15日　国連総会「国際的（越境）組織犯罪条約」採択
12月12日〜　イタリア・トリノで「国際的（越境）組織犯罪条約」の署名式（約一二〇国が署名）
2001年4月21日　「警察管理社会を解体しよう！治安国家化を許さない」集会（前田朗さんが「闘う市民社会」論を提起）
9月11日　米国防総省・ツインタワービルにハイジャック機突入
10月7日　ブッシュ政権がアフガン戦争開始
2002年3月15日　「心身喪失等の状態で重大な他害行為を行った者の医療及び観察等に関する法律」を閣議決定
6月5日　カンパ禁止法成立
9月3日　法務省「国際的組織犯罪条約締結に伴う国内法整備の概要」を法制審に諮問
12月18日　法制審、共謀罪新設などを採択
12月21日　戦争と治安管理に反対するシンポジウム（中大駿河台記念館）
2003年2月5日　法制審、共謀罪新設などを答申
2月15日　世界各地でイラク反戦デモ（参加者1000万人以上）
3月11日　共謀罪新設などを閣議決定、

国会上程
3月20日　ブッシュ政権がイラク戦争開始
5月9日　「共謀罪新設阻止、国際的組織犯罪条約批准反対」国会前座り込み、集会・デモ
5月13日～13波の国会前連続闘争　国際共同声明開始
7月17日　「つぶせ！共謀罪、止めろ！戦争への道」集会
9月23日　「つぶせ！共謀罪、止めろ！戦争への道Ⅱ集会」
11月　自・公連立政権発足
11月24日　「群がって悪いか！のさばるな警察！」緊急共同討論会
12月　犯罪対策閣僚会議「犯罪に強い社会の実現のための行動計画」公表
2004年2月3日　陸上自衛隊イラク派兵を強行採決
2月27日　東京・立川で自衛隊官舎反戦ビラ入れに弾圧
2月28日　共謀罪反対全国集会（組対法全国ネット・港合同共催：大阪）
4月11日　「群がって悪いか！のさばるな警察」緊急集会・デモ
4月21日　サイバー犯罪条約強行採決・成立
6月14日　国民保護法など有事立法強行採決
7月17日　「共謀罪審議入り阻止！臨時国会で廃案を！」集会
10月3日　山手線全駅情宣・「一切の治安弾圧を許すな！・共謀罪を廃案へ」全国集会
10月15日～22日　MWMワシントン行動に4・11集会実から五人参加

10月20日～22日　59時間ハンスト（国会前・日比谷公園）
11月8日　国会前行動
11月18日　国会前座り込み（国会デモ中止）
11月21日　「司法・警察の大転換を問う」集会（反警察ネット主催）
12月1日　参院で「刑法等の一部を改正する法律」を自民・公明・民主が可決
12月9日　自衛隊のイラク派兵一年間延長を閣議決定
12月14日　犯罪対策閣僚会議「テロの未然防止に関する行動計画」公表
12月16日　立川反戦ビラ弾圧事件、一審全員無罪判決
2005年1月11日　東京・葛飾でマンションにビラ配布した僧侶を起訴
1月13日　全日建運輸連帯労組関西生コン支部に弾圧
1月27日　共謀罪反対院内集会（主催：盗聴法の廃止を求める署名実）
2月4日　共謀罪粉砕！　総決起集会
2月9日　共謀罪に反対する院内集会（主催：日弁連）
3月15日　共謀罪に反対する市民・労働者と法律家の国会請願デモ（主催：自由法曹団・日本民主法律家協会・日本労働弁護団・社会文化法律センター）
3月26日　組対法に反対する全国ネット
3月26日　戦争と治安管理に反対するシンポジウムⅡ（豊島区民センター）

第五章

治安弾圧との闘い

〈緊急声明〉

関西地区生コン支部に対する一・一三不当弾圧に抗議する

全日本建設運輸連帯労働組合
中央執行委員長　長谷川武久
近畿地方本部執行委員長　戸田ひさよし
関西地区生コン支部執行委員長　武　建一

本年（〇四）一月一三日早朝、大阪府警は連帯労組（全日本建設運輸連帯労働組合）関西地区生コン支部に権力弾圧を加え、武建一委員長をはじめ、片山好史、武谷新吾、福島聡の各支部執行委員の計四人を不当逮捕したほか、支部事務所や自宅など三〇カ所余りを家宅捜索した。

警察が被疑事実にあげているのは、第一に、関西地区生コン支部が生コン産業再建闘争の一環としてとりくんできたアウトサイダー業者の協同組合加盟促進活動が、強要未遂および威力業務妨害罪にあたるというものである。第二に、武委員長が機関決定を経ずに組合資金を知人の生コン会社に貸し付けたことが背任にあたる、というもののようである。

これらはいずれも、連帯労組関西地区生コン支部が、労働者の雇用安定と中小企業の経営安定の実現を目的としてとりくんできた正当な組合活動のイメージダウンをねらう、卑劣なでっちあげというほかかない。

連帯労組関西地区生コン支部は一九九四年以降、交通労連生コン産業労働組合や全港湾大阪支部とともに生コン産業政策協議会を結成。建設工事の激減下に、慢性的な業界の過当競争状態が原因となって進行する生コン販売価格の値崩れ＝業界共倒れの危機を打開し、大多数が中小企業で構成される生コン産業再建と労働者の雇用安定をめざす業界再建政策を立案、推進してきた。具体的には、経済的弱者である中小企業＝生コン業者が法律で認められた協同組合の下に団結することで、生コン産業を支配するセメントメーカーとゼネコンに対抗して、採算のとれる適正価格や適正取引条件を実現すること、これによって、倒産寸前に追い込まれた中小企業の経営を安定させると同時に、そこで働く労働者の雇用と労働条件を守ること、併せて、過当競争が温床となって後を絶たない欠陥生コンを追放して、消費者の安全と安心を保障できる高品質な生コンを提供する社会的役割をはたすこと、などをめざして活動をすすめてきたのである。

この政策活動は、大阪、兵庫をはじめ近畿一円の生コン業者・業者団体の強い支持の下で大きな成果と実績をあげたにとどまらず、いまや全国的規模で生コン業界再建のモデルとして中小企業と労働者の共感を集めるに至っている。

しかしながら、労働者と中小企業の大同団結で健全な業界に作り直そうという、この大きな流れに背を向けて、いぜんとして個別企業の私的利益を優先するアウト業者（協同組合未加盟業者）が存在しており、セメントメーカーやゼネコンは、これらアウト業者を不当な利益追求の手段として利用してきたのである。こうしたアウト業者に対して協同組合への結集をよびかけ、同調を求める活動は、労働者と中小企業の利益にかなった大義ある正当な労働組合活動以外の何物でもない。

他方、この正当な活動が威力業務妨害事件に仕立て上げられたことで、大きな成果をあげつつある業界再建活動が停滞、そして後退するのを誰よりも望んでいるのは、この間、中小企業と労働者が団結して大企業支配に対抗する新たな産業秩序づくりがすすむのを快く思わず、すきあらばこれを妨害、破壊しようと画策してきたセメントメーカーであり、ゼネコンである。

正当な組合活動を強要未遂や威力業務妨害にでっちあげた今回の大阪府警の弾圧は、まさに労働者と中小企業が一〇数年間にわたって血みどろで進めてきた業界再建活動を国家権力の手で破壊する一方で、大企業であるセメントメーカーやゼネコンの利害を代弁する暴挙にほかならない。

さらに大阪府警は、今回の権力弾圧を最大限効果的にするために、関西地区生コン支部を代表する武建一委員長が、あたかも組織の利益に反するやり方で組合費を私的目的のために流用しているかのように描く背任容疑があるとして、意のままになるマスコミと一部の堕落した労組幹部を利用して、武委員長と関西地区生コン支部の社会的信用を貶（おとし）めようとしている。

しかし、いうまでもなく、連帯労組関西地区生コン支部の財政活動は、毎年の定期大会をはじめとする機関会議に公認会計士の厳格な監査を経て会計報告がなされているうえ、税務調査も都度受けて適正とされてきたものであり、何ら問題があるはずはない。それにもかかわらず、大阪府警が背任などと主張すること自体、今回の弾圧の本質が、国家権力による前代未聞の組合つぶし攻撃にほかならないことを示している。

以上みたとおり、今回の弾圧は、中小企業と労働者の団結にくさびを打ち込み、大企業支配に代わる新たな産業秩序をつくる大義ある政策活動を破壊することを本質的な目的としている。「嵐は樹を鍛え育てる」とのたとえのとおり、四〇年にわたる闘いの歴史をもつわれわれは、過去にも幾度かの権力弾圧を受ける都度、それを反面教師として受け止め、より一層団結を強化して運動を発展させてきた。われわれは、これまですすめてきた我々の政策活動こそが、未来を失った大企業中心の経済・産業秩序に代わって、労働者と中小企業のあるべき未来を切り開く道であり、これ以外に現在の危機を打開する方法はないとあらためて確信する。

そうした確信を全組合員、そして、中小企業家と分かち合いながら、われわれは、不当な権力弾圧をはね返し、不当に拘束された仲間を早期に奪還する闘い、そして組織に加えられたいわれなき汚名を見事に晴らす闘いに立ち上がることを表明するものである。

さらに、われわれは、これまでにもまして政策活動を強化し、〇五春闘期間中により大きな成果を達成する決意であることをも表明するものである。

立川反戦ビラ弾圧から一年　控訴審無罪へがんばるぞ！

大洞俊之

降ってわいた弾圧

〇四年二月二七日早朝、自衛隊基地のある東京・立川で反戦・反基地運動を続けてきた私たち立川自衛隊監視テント村メンバー三名が令状逮捕され、六か所に家宅捜索が強行された。この弾圧は自衛隊官舎への反戦ビラ入れを「住居侵入」と決めつけたものだった。自衛隊官舎の構造は普通の集合住宅と変わらず、多くのチラシが投函されていた。逮捕された私達への取り調べは一日六時間～八時間に及び、「立川から追い出してやる」「お前は寄生虫だ」などといった悪質な言葉を浴びせられ、七五日間も拘留された。

しかし、私達が思ってもいなかったほどの規模で全国から弾圧抗議の声が殺到、マスコミも批判し、裁判闘争も多くの人の協力で力強く闘うことができた。

無罪判決獲得以後

そして一二月一六日に地裁八王子支部で無罪判決が勝ち取られた。まさに大衆運動が広範な世論を突き動かし、裁判所に不当判決を許さない闘いを成功させたのだと思う。一口に司法反動化とよく言われるが、その中では画期的とも言えるだろう。

もちろんいくつかの問題点がある。弁護側の主張はそもそも犯罪の構成要件を満たしていない、検察側の起訴は公訴権の濫用であるというもので、公訴棄却を求めていたのだが、その点は退けられてしまった。結局なぜ無罪かというと可罰的違法性がない。つまり、罰するほどの違法性が他の商業ビラやセールスと比べても見られないので無罪、となったわけである。このあたりの論理展開は、判決を解析してみると乱暴な点もいくつか見られる。

また、テント村の細かな日常活動を述べて、検察側の言う「テロ」の危険性などを退け、住民のプライバシーの侵害、迷惑は低いとして無罪になっている。しかし、ここまで細かく言う必要があったのか、と思わせる部分もある。団体規制法的な発想もあり、たとえば同じビラ、同じ人数で同じ配り方をしていても他の団体でも無罪だったかという疑問が生じる。これらの点は控訴審で如何にこちらの論理を補強するのか、という点でもあり、検察がどういう巻き返しを図ってくるか、ということにも関わる。

検察は不当にも公訴してきた。しかし、自分は無罪判決を受けて起訴休職解除になり、今は元気に働いている。職場の同僚も実に暖かく迎えてくれた。「良かったね！」の一言は本当にうれしかった。控訴審でも完全無罪を勝ち取るべく頑張って行きたいので、これまでのご支援に深く感謝するとともに、傍聴闘争、控訴審でも無罪を求める一〇〇〇〇筆署名などへのご協力を再びお願いする次第だ。

弾圧に共同反撃を

ところで、この判決後葛飾区でも同様の弾圧が年末に起きた。共産党支持者の僧侶の男性がマンションで区議会だよりなどを配布中、住居侵入で逮捕・起訴された。明らかに判決後の警察・検察の反撃のつもりである。ここ二年ほどの杉並反戦落書き弾圧、国公法弾圧、反戦ビラ弾圧、卒業式ビラまきへの威力業務妨害罪弾圧など、すべて一言で言うなら有事体制、戦争国家作りという方向へ向かう流れの中で行われている。立川テント村事件・国公法弾圧事件・葛飾ビラ入れ弾圧事件・板橋高校弾圧事件は、罪名については立川・葛飾が建造物侵入だが、後は国公法と威力業務妨害である。しかし、弾圧された行為は「ビラまき」であった点では共通している。おまけに立川・葛飾・藤田さんの三事件を起訴した検事は同じ崎坂誠司だ。もちろん、彼一人の意志ですべてが決まられるわけもない。高検などと協議した上での結論だろうから、警察・検察の方針としてこうした一連の弾圧が行われたことは明らかだ。というものの、逆に崎坂自身が三つの事件に登場したのも偶然というわけではなさそうだが。いずれにせよ、この四事件は〝これって犯罪?暴走する公安と脅かされる言論社会〟を問うており、互いの影響も大きそうではある。

だからこそすべての反弾圧闘争が連帯して広範な世論を作り出していく必要があると思う。葛飾でも共産党や国民救援会以外に、地元の市民運動家や団体が活発に救援反弾圧活動を開始している。すべてのこうした弾圧を糾弾し、ともに無罪を勝ち取っていきたいと思う。

（おおぼら・としゆき　立川自衛隊監視テント村）

労働運動への弾圧水準が一段と飛躍した洋書センター闘争

争議団連絡会議

(1)　一九九九年五月一二日、五名の労働者が、警視庁公安二課と神田警察署の合同捜査本部によって逮捕された。容疑は「建造物侵入・威力業務妨害」であり、六月二日起訴された。翌日の六月三日、別の件を「暴力行為等処罰に関する法律違反」とされ全員再逮捕された。この容疑は翌日の検事弁解録取の際には「逮捕監禁」へと変更され、六月二四日、これについても起訴された。加えて別の二名の労働者に任意出頭がかけられ、家宅捜索は三次二〇ケ所に及んだ。

いずれの被疑事実も、洋書センターという神田神保町の小売り書店での解雇・倒産を巡る争議において、争議責任者である極東書店経営に対して行われた団体交渉要求行動に関するものであった。被逮捕者は当の洋書センター労働組合委員長とこの闘いの支援共闘会議のメンバー三名及び、地域で別の解雇争議を闘っていて、当日、行動に参加した労働者一名である。

この弾圧は、権力による労働運動への弾圧水準が一段と飛躍したことを示していた。事件そのものは一年七、八ヶ月も前の、当時は誰も事件として受け止めなかったようなものであった。極東書店経営による告訴は、事件発生より一年経ってのちに行われたのである。また再逮捕された事件は、最初の事件と、ほとんど同時期で、同じ内容、同じ被疑者であったが、一緒に立件せず、最初の事件の取り調べ・勾留満期を経てあらためて逮捕したのである。さらに、その被疑罪状がたった一日で、より重罰なものへと変更されていたり、公然活動である労働運動を対象としていながら、二名に対して、理由のない路上逮捕が行なわれたことなど、異例ずくめの弾圧であった。四四日間連続して行われた取り調べでは、取り調べ刑事は「事件」のことについての質問は全くせず、争議の放棄、仲間との分断、争議団連絡会議からの脱退強要、被逮捕者の人格攻撃に終始した。とりわけ委員長及び支援一名に対しては許し難い女性差別言辞を吐き散らして屈服を迫ったのである。

(2) 極東書店は洋書センターの親会社であり、洋書センター労使双方の生殺与奪の権限を行使していた。子会社で結成された組合をつぶすためにこれを倒産させ、全員を解雇した責任当事者である。その後、悪化の一途を辿る経営上の責任を回避するために、経営者は合理化を推進すると共に、警視庁公安と結託して刑事弾圧によって争議をつぶすことで、自らの危機突破を謀ったのである。

(3) 争議団連絡会議(争団連)には、都内で首切りや組合つぶしと闘っている労働組合などが集まって、相互のたたかいの交流を深めながら、それぞれに現場行動に参加していた。もちろん各争議は各争議の自主的方針に基づいて展開されており、争団連が指導したり方針決定したりすることはない。

しかし、今回の捜索令状には「争議団連絡会議、洋書センター支援共闘会議メンバーによる計画的、組織的犯行」と記載され、商業新聞は「争議団連絡会議幹部……」「争議団連絡会議を中心にした五〇〇回におよぶ抗議行動」などと事実無根の報道をしているが、これは以前にはなかったことである。そして、取り調べ官は、「解決金をまきあげ、組織の資金にするために洋書センター争議を引き込んだ」などと、争団連による組織犯罪を主張し続けたのである。

(4)　その後、約十ヶ月にわたって被告団は拘留され、接見禁止の状態に置かれた。検察・裁判所は検察側重要証人の尋問が終了するまで拘留を解かず、防御権を剥奪しつつ被告に屈服を迫ってきた。いわゆる人質司法そのものである。

保釈金は各四〇〇万円、合計で二千万円にものぼった。更に裁判所は保釈条件で、被告人同士及び関係者が直接または間接的に接触してはならないと、保釈後も事実上の接見禁止状態とし、防御権を制限してきたのである。

(5)　裁判所は拙速裁判による早期有罪決着へと、強権的な訴訟指揮を行ってきたが、被告・弁護団は公判廷での異議申し立てを積み重ねてきた。また多数の証人を認めさせ、争議の意義と正当性、極東経営の無責任な争議対応、行動が全く正当な争議行為であることなどを克明に立証し、本件が争議つぶしのための不当弾圧であることをあきらかにしてきた。

公判闘争のさなかで、労組委員長が脳出血で倒れた。過酷な取り調べ、長期拘留、接見禁止という拷問同様の処遇によるものであった。しかし、彼女は不屈の意志によって一命をとりとめ、重度の後遺障害と闘いながら車椅子で再び公判に合流し、共に最後まで闘い抜いたのである。法廷は一審だけで四六回、四年にわたって闘い抜かれた。

(6)　二〇〇三年六月五日、東京地裁刑事六部から「一律懲役一年六月・執行猶予四年」という不当な有罪判決が言い渡された。

判決は、検察論告をなぞっただけのもので、個々の行為についてほとんど触れることなく、単に「違法行為があった」ことを前提とし、全てひっくるめて刑罰をさっぱりと四等分したものであった。団交要求行動呼びかけビラを受けとったことをもって共謀を認定する、あるいは被告の心の中を身勝手に分析・断定して、ありもしない共謀を成立させており、争議を組織犯罪として裁く手法がつらぬかれていた。しかし一方では、権力の当初からの目論見であった実刑判決を許さなかったことは大きな成果であった。

二〇〇四年一二月、「控訴棄却」の控訴判決が出され、被告団は上告をしないことを選択し、判決は確定した。

(7) 当時、組織的犯罪対策法の制定を廻って、激烈な攻防が展開されていたが、今次弾圧は明白にそうした状況と連動してかけられたものであった。私たちは、こうした治安立法を現場から打ち砕く闘いとしてもこの反弾圧闘争を闘ってきた。地域、出版、全都、全国の心ある労働者の総力を結集し、また反治安法や反戦の闘いと合流しながら、さらには韓国やフィリピンなど世界各国の労働組合の連帯を受け、大きく、力強く闘いを展開することが出来た。

洋書センター反弾圧闘争の成果は、その後の争議団弾圧との攻防に引き継がれて来ており、私たちの反弾圧闘争は治安法ラッシュといわれている現状況に、労働現場から答えを出すものとして、より発展させていかなければならない。そして、私たちにとって、一つ一つの争議の勝利をもぎ取ることが、刑事弾圧に対する最大の回答であることは言うまでもないことである。

共謀罪攻撃を先取りしたデッチあげ弾圧を粉砕、無罪判決を勝ち取る

迎賓館・横田爆取デッチあげ弾圧被告団

１、第一回公判で検察官が「証拠がない」と自認

一九八六年四月一五日と五月四日に、中曽根政権が日本を戦争国家・軍事大国化しようとして強行した、天皇在位六〇年式典と東京サミットに抗議して、米軍横田基地とサミットの会場であった迎賓館に、ロケット弾が発射されるという事件がおきました。

このロケット弾攻撃に恐怖した国家権力は、同年五月七日当時の警察庁長官山田英雄が「過激派ゲリラを根絶せよ」と全警察本部に通達をだし、翌年一九八七年一〇月、警視庁は別の事件で東京拘置所に勾留中であった須賀武敏、十亀弘史、板垣宏の三名を迎賓館・横田事件で逮捕・起訴し、同じく福嶋昌男を全国指名手配したのです。

しかし、私たちは両事件に一切関与していません。当然、証拠もありません。それは、第一回公判で検察官が「証拠はない」と自認したことで明らかです。国家権力は私たちが本件両事件に関与していないことを十分に知った上で、このデッチあげを行ったのです。共謀罪を先取りしたような治安弾圧攻撃でした。

２、一六年もの未決勾留を打ち破って無罪判決を勝ち取る

以来、須賀、十亀、板垣の三名は、〇二年一二月二七日に保釈を勝ち取るまで一六年も未決の

まま東京拘置所に勾留され続け、九三年三月に不当逮捕された福嶋は〇三年一一月二二日に保釈を勝ち取るまで一二年も勾留されたのです。

たった三畳くらいの狭い部屋で、二四時間監視され、一日中すわり続けることを強制される生活が来る日も来る日も一六年、一二年に亘り無実・無罪の私たちに加えられたのです。この長期の未決勾留によって、須賀は一時車椅子での出廷を余儀なくされ、福嶋は拘禁症が悪化しました。これはもう「人質裁判」という範疇すら越えた虐待・拷問です。

この戦前の予防拘禁制度の再来ともいうべき人権侵害を、多くの方々の保釈署名運動に支えられながら打ち破り、さらに〇四年三月二五日に須賀、十亀、板垣の三名が東京地裁刑事一一部（木口信之裁判長）において無罪判決を勝ち取ったことは、今日の司法改悪の下での反動化と治安弾圧の強化の中では特筆できる勝利といえます。

3、共謀罪粉砕へ大きな意味、完全無罪めざし、新たな出発

共謀罪を先取りし、全く証拠がないのに、ただ組織（中核派）の一員であり、別の爆取事件に関与していたからという予断だけで強行された、乱暴極まりないデッチあげを一審で粉砕しえたことは、共謀罪攻撃を粉砕する上で、大きな意味を持っていると考えます。

しかし、五〇〇以上の「犯罪」を対象にし、「（犯罪）行為」の前の「話し合い」や「暗黙の合意」などが犯罪とされる共謀罪は「共謀共同正犯」より格段に厳しく、権力（警察官）が恣意的に「共謀」したと主張したり、認めたりすれば、「犯罪」として成立してしまう仕組みとなっており、裁判で無実・無罪を争うことなど出来なくなるでしょう。

人の生活から会話をなくすことは出来ません。その会話が常に監視され「犯罪」に当たるか否かは権力（警察）の裁量一つで決まることになります。さらに免責条項はスパイや密告を必然化します。仮に、話を聞いただけ、その場にいただけであったとしても、密告しなければ、逆に自分が共謀罪に問われることになるからです。したがって、共謀罪は単に個人の思想・信条や内面の自由までをも「犯罪」とする恐るべき攻撃だということに止まりません。監視と密告が横行する息の詰まるような暗黒の社会となるでしょう。政府・権力に積極的に賛成し、翼賛する以外に生きられない世の中をつくり、侵略戦争へ民衆を動員することにこそその狙いがあります。だからこそ共謀罪は制定される前に廃案にしなくてはなりません。共に闘いましょう。

付け加えると、私たちの裁判に関し、検察官は〇四年四月二日に「審理不尽」を理由とする不当な控訴を行いました。一六年も裁判をやり審理を尽くした上で、まだ「審理不尽」などという理不尽な控訴は絶対に許せません。私たちは、「迎賓館・横田裁判の完全無罪を勝ち取る会」（仮称）を新たに立ち上げ、控訴棄却、四名の無罪確定・完全勝利に向かって闘いを押し進めて行きます。多くの方々のご支援をお願いします。（〇五年二月一〇日）

「手遅れ」にならないために、今、立とう！

国鉄千葉動力車労働組合（動労千葉）

会話（共謀、相談、暗黙の了解）だけで「犯罪」と言いなし、罪に問うという重大な治安法＝共謀罪は廃案あるのみです。この間、「破防法・組対法に反対する共同行動」の仲間と共に、二年にわたり四度も国会で制定を阻止してきた闘いに踏まえ、更なる運動の拡大と阻止闘争の高揚をもって、絶対に廃案に追い込むために全力で闘います。イラク派兵の延長、有事法制の制定、教育基本法改悪から改憲が具体的政治日程に上がっている今、戦時下の治安弾圧攻撃が強まっています。自らの組合大会へのビラまきを理由に逮捕された国労臨大闘争弾圧、立川反戦ビラ弾圧、国公法違反での逮捕・起訴（一・一三）など、労働運動への攻撃のみならず戦争に反対し、国策に異論をはさむ人々の声を封じ込めようとする、言論・表現、そしてなによりも労働組合の団結とその闘いへの政治弾圧が相次いでいます。戦争のできる国、自由にものも言えない社会への丸抱え攻撃のエスカレートを打ち破るために、今ここで声を出し、団結を固め、共同してこれに立ち向かわなければなりません。「その時、すでに手遅れだった」（ドイツ、ニーメラー牧師の回想）とならないために、私たち動労千葉は、昨年「一一・七」労働者集会で切り開かれた、日・米・韓の国際連帯の地平に立って、更に広範な連帯と力強い反撃をつくりだすために共に闘います。

団結権掲げ、倒産攻撃に立ち向かおう！

全国金属機械労働組合港合同

労働者の団結権は、労働者の生存権に基づく激しい闘争の過程で獲得されたものです。労働者の団結活動は、私的所有権を絶対的なものとし、形式的な自由をたてまえとする市民法のもとで評価をうけ、厳しい弾圧をうけてきました。そして、二〇〇年以上に及ぶ労働者の激烈な闘いによって合法性を獲得してきたのです。労働者の団結権は市民法秩序とは相容れません。財産権を中軸とする市民法秩序と労働者の団結権とは、常に対抗関係にあり、激しく衝突しているのです。労働者の団結権の内容が一方前進することは、規制の市民法秩序が一歩後退することを意味するとされます。しかし、今、労働運動の全面的な後退の中で、労働者の権利が一挙に後退しようとしています。労働法制が解体され、労働者の団結活動を再び非合法化する攻撃が激化しているのです。それが共謀罪の新設です。

さらに、労働組合による倒産争議の戦術にねらいを絞って犯罪化しようとするものが、強制執行妨害罪の拡大重罰化です。強制執行妨害罪を飛躍的に拡大し、職場占拠や示威行為、協定締結等の正統な団結活動を刑罰の対象にしようというのです。倒産が巷に溢れている現在、残念ながら、これに抗して闘う労働者は少ないのが現実です。しかし、労働者が倒産に対抗し、労働争議の当事者となって倒産争議を闘うということは、単に紛争に関わるという消極的なものではなく、団結権を具体的に行使する主体となって倒産に立ち向かうという極めて重大で積極的な意義があります。

そして、こうした時代だからこそ争議を闘うことの積極的な意義が大いに強調されなければなりません。私たちは自らが争議を闘い続けることができ、団結権行使の主体となっていることを労働者階級として大いに誇りにすべきです。労働者の団体行動権を大胆に駆使し、倒産争議を闘い抜きましょう。

シェルター

笹島連絡会

「生活保障のためでなく、テント・小屋をつぶすためのシェルター」をどう思いますか?

名古屋市のシェルターは、テント・小屋をつぶすための受け皿といえます。なぜなら特定の公園でテント・小屋をもつ野宿者を入所対象にし、緊急援助を要する小屋を持てない野宿者を入所させないのですから。

こんな位置づけのシェルターに入れと言われて、気持ちよく入れますか。誰でも反発したくなるのではないでしょうか。圧倒的に多くの野宿者は、誰もが入れるシェルターにすべき、あるいはテントがない人を優先すべき、と思っているのです。これが当たり前のことではないでしょうか。

日頃は公正な運用をせずに、テントの撤去のためには居宅保護を認める、というのでは問題！

野宿者に違法な生活保護運用を行い裁判でその誤りを指摘された行政は、通知上である程度改善しますが、緑政土木局や福祉事務所は、施設を経由しない居宅保護も可能であることを説明しようとしませんでした。その誤りを私たちに指摘された名古屋市は、ここ一ヶ月くらいは居宅保護をかなり認めはじめたのです（万博開催を前にして白川公園のテントを一掃するためでしょうか）。

必要なことは、名古屋市が野宿者に今までの誤りを、きちんと公に認めることです。

今まで野宿者を人間として尊重せずに退去を迫り、生活保護の公正な運用・説明もせずにやってきた名古屋市が、何事もなかったかのように、一ヶ月前にやっと生活保護の話をしても、不信感は拭えるものではありません。

野宿者の人間としての尊厳を認めること、個人の尊重（憲法一三条）が、問題解決の前提ではないですか。

話し合いによる解決を破壊し、不信感を増幅させる行政代執行は、最悪の「解決」方法です。

その上に二四日の力ずくの追い出しですから、ますます行政に対する不信感は増幅され、問題の解決は困難になります。これは白川公園野宿者だけのことではないのです。すべての野宿者に関わることです。

名古屋市の野宿者に対する姿勢を改めさせるために、私たちはたたかい続けます。

みなさん。このままでは解決になりません。いまこそ、声を出してください。行政代執行に対する抗議を名古屋市に行って下さい。私たちに対する意見もください。お願いします。ありがとうございました。

（名古屋市への抗議先）緑政土木局緑地管理課指導係　電話：０５２―９７２―２４７３

（私たちの連絡先）名古屋市中村区則武２―８―13　笹島連絡会（この件に関するＦＡＸ：０５２―４５１―４５８５）

広がる弾圧の網

渡邉幸之助

二〇〇四年以降、あっと驚くような弾圧が起きています。社会保険庁職員が休日に政党機関紙を配って、さらに立川自衛隊監視テント村のメンバーが自衛隊官舎にビラをまいて令状逮捕され、しかも両事件とも起訴までされました。

二〇〇三年のイラク戦争開戦以降起きている弾圧は、戦時下の弾圧であると言って過言ではないと思います。開戦直後には、アメリカ大使館前やデモ行進中といった闘いのさなかに、現行犯で逮捕される例が頻発しました。当時、反戦運動に万単位の人たちが参加し、人々の、「あの戦争を止めたい」という思いが強く発露していました。警察は、過剰警備と弾圧をもってそれに応えました。

それから警察は、過剰警備から先制的な規制に弾圧の質を転換させたのか、ビラまき程度の行為でも容赦なく逮捕されるのが、最近では当たり前になってしまいました。弾圧の網をかける範囲も明らかに広がっています。

二〇〇五年現在、都立校卒業式では、学校の前で「日の丸・君が代」に反対するビラを撒いていただけで逮捕される例が相次いでいます。もはや、闘いの場面では、ビラをまくという「ささやかな」行為をめぐっての攻防に入ってしまったのかとの思いを強くせざるを得ません。

ここで負けていたら、ビラすらもまけない時代がやってくるでしょう。そうならないように力を尽くしていきたいと考えます。

（わたなべ・こうすけ　救援連絡センター）

資料篇

犯罪の国際化及び組織化並びに情報処理の高度化に対処するための刑法等の一部を改正する法律案

（刑法の一部改正）

第一条　刑法（明治四十年法律第四十五号）の一部を次のように改正する。

目次中「第九十六条の三」を「第九十六条の六」に改める。

第三条中第十六号を第十七号とし、第六号から第十五号までを一号ずつ繰り下げ、第五号の次に次の一号を加える。

六　第百九十八条（贈賄）の罪

第九十六条中「方法で」を「方法によりその封印若しくは差押えの表示に係る命令若しくは処分を」に、「二年以下の懲役又は二十万円以下の罰金に処する」を「三年以下の懲役若しくは二百五十万円以下の罰金に処し、又はこれを併科する」に改める。

第九十六条の二を次のように改める。

（強制執行妨害目的財産損壊等）

第九十六条の二　強制執行を妨害する目的で、次の各号に掲げる行為をした者は、三年以下の懲役若しくは二百五十万円以下の罰金に処し、又はこれを併科する。情を知って、第三号に規定する譲渡又は権利の設定の相手方となった者も、同様とする。

一　強制執行を受け、若しくは受けるべき財産を隠匿し、損壊し、若しくはその譲渡を仮装し、又は債務の負担を仮装する行為

二　強制執行を受け、又は受けるべき財産について、その現状を改変して、価格を減損し、又は強制執行の費用を増大させる行為

三　金銭執行を受けるべき財産について、無償

その他の不利益な条件で、譲渡をし、又は権利の設定をする行為

第九十六条の三の見出しを「(公契約関係競売等妨害)」に改め、同条第一項中「入札」の下に「で契約を締結するためのもの」を加え、「二年以下の懲役又は二百五十万円以下の罰金に処する」を「三年以下の懲役若しくは二百五十万円以下の罰金に処し、又はこれを併科する」に改め、同条を第九十六条の六とする。

第九十六条の二の次に次の三条を加える。

(強制執行行為妨害等)

第九十六条の三　偽計又は威力を用いて、立入り、占有者の確認その他の強制執行の行為を妨害した者は、三年以下の懲役若しくは二百五十万円以下の罰金に処し、又はこれを併科する。

2　強制執行の申立てをさせず又はその申立てを取り下げさせる目的で、申立権者又はその代理人に対して暴行又は脅迫を加えた者も、前項と同様とする。

(強制執行関係売却妨害)

第九十六条の四　偽計又は威力を用いて、強制執行において行われ、又は行われるべき売却の公正を害すべき行為をした者は、三年以下の懲役若しくは二百五十万円以下の罰金に処し、又はこれを併科する。

(加重封印等破棄等)

第九十六条の五　報酬を得、又は得させる目的で、人の債務に関して、第九十六条から前条までの罪を犯した者は、五年以下の懲役若しくは五百万円以下の罰金に処し、又はこれを併科する。

(組織的な犯罪の処罰及び犯罪収益の規制等に関する法律の一部改正)

第二条　組織的な犯罪の処罰及び犯罪収益の規制等に関する法律(平成十一年法律第百三十六号)の一部を次のように改正する。

第一条中「かんがみ」の下に「、並びに国際的な組織犯罪の防止に関する国際連合条約を実施するため」を加える。

第二条第二項第一号中「別表に」を「次に」に改め、同号に次のように加える。

イ　別表第一第一号、第二号、第四号若しくは第五号又は別表第二に掲げる罪
ロ　イに掲げるもののほか、死刑又は無期若しくは長期四年以上の懲役若しくは禁錮の刑が定められている罪（国際的な協力の下に規制薬物に係る不正行為を助長する行為等の防止を図るための麻薬及び向精神薬取締法等の特例等に関する法律（平成三年法律第九十四号。以下「麻薬特例法」という。）第二条第二項各号に掲げる罪を除く。）

第二条第二項第三号を次のように改める。

三　次に掲げる罪の犯罪行為（日本国外でした行為であって、当該行為が日本国内において行われたとしたならばこれらの罪に当たり、かつ、当該行為地の法令により罪に当たるものを含む。）により供与された財産
イ　第七条の二（証人等買収）の罪
ロ　不正競争防止法（平成五年法律第四十七号）第十一条第一項の違反行為に係る同法第十四条第一項第七号（外国公務員等に対する不正の利益の供与等）の罪

第二条第二項に次の一号を加える。

五　第六条の二（組織的な犯罪の共謀）の罪の犯罪行為である共謀（日本国外でした行為であって、当該行為が日本国内において行われたとしたならば当該罪に当たり、かつ、当該行為地の法令により罪に当たるものを含む。）をした者が、その共謀に係る犯罪の実行のための資金として使用する目的で取得した財産

第二条第五項中「国際的な協力の下に規制薬物に係る不正行為を助長する行為等の防止を図るための麻薬及び向精神薬取締法等の特例等に関する法律（平成三年法律第九十四号。以下「麻薬特例法」という。）」を「麻薬特例法」に改める。

第三条第一項中第十一号を第十五号とし、第二号から第十号までを四号ずつ繰り下げ、同項第一号中「（明治四十年法律第四十五号）」を削り、同号を同項第五号とし、同号の前に次の四号を加える。

一　刑法（明治四十年法律第四十五号）第九十六条（封印等破棄）の罪　五年以下の懲役若しくは

は五百万円以下の罰金又はこれらの併科

二　刑法第九十六条の二（強制執行妨害目的財産損壊等）の罪　五年以下の懲役若しくは五百万円以下の罰金又はこれらの併科

三　刑法第九十六条の三（強制執行行為妨害等）の罪　五年以下の懲役若しくは五百万円以下の罰金又はこれらの併科

四　刑法第九十六条の四（強制執行関係売却妨害）の罪　五年以下の懲役若しくは五百万円以下の罰金又はこれらの併科

第三条第二項中「第一号、第二号及び第九号」を「第五号、第六号及び第十三号」に改める。

第四条中「前条第一項第三号、第五号、第六号」を「前条第一項第七号、第九号、第十号」に、「第九号及び第十号」を「第十三号及び第十四号」に改める。

第五条中「第三条第一項第六号」を「第三条第一項第十号」に改める。

第六条の次に次の一条を加える。

（組織的な犯罪の共謀）

第六条の二　次の各号に掲げる罪に当たる行為で、団体の活動として、当該行為を実行するための組織により行われるものの遂行を共謀した者は、当該各号に定める刑に処する。ただし、実行に着手する前に自首した者は、その刑を減軽し、又は免除する。

一　死刑又は無期若しくは長期十年を超える懲役若しくは禁錮の刑が定められている罪　五年以下の懲役又は禁錮

二　長期四年以上十年以下の懲役又は禁錮の刑が定められている罪　二年以下の懲役又は禁錮

2　前項各号に掲げる罪に当たる行為で、第三条第二項に規定する目的で行われるものの遂行を共謀した者も、前項と同様とする。

第七条第一項中「禁錮」を「禁錮」に改める。

第七条の次に次の一条を加える。

（証人等買収）

第七条の二　次の各号に掲げる罪に係る自己又は他人の刑事事件に関し、証言をしないこと、若しくは虚偽の証言をすること、又は証拠を隠滅し、偽造し、若しくは変造すること、若しくは偽造若しくは変造の証拠を使用することの報酬として、金銭その他の利益を供与し、又はその申込み若しくは約束をした者は、一年以下の懲役又は二十万円以下の罰金に処する。

一　別表第一に掲げる罪

二　前号に掲げるもののほか、死刑又は無期若しくは長期四年以上の懲役若しくは禁錮の刑が定められている罪

2　前項各号に掲げる罪に当たる行為が、団体の活動として、当該行為を実行するための組織により行われた場合、又は同項各号に掲げる罪が第三条第二項に規定する目的で犯された場合において、前項の罪を犯した者は、三年以下の懲役又は二十万円以下の罰金に処する。—中略—

理由

近年における犯罪の国際化及び組織化の状況にかんがみ、組織的に実行される悪質かつ執拗な強制執行妨害事犯等に適切に対処するため、強制執行を妨害する行為等についての処罰規定を整備するとともに、国際的な組織犯罪の防止に関する国際連合条約の締結に伴い、組織的な犯罪の共謀等の行為についての処罰規定、犯罪収益規制に関する規定その他所要の規定を整備する必要がある。これが、この法律案を提出する理由である。

日弁連総第七三号
二〇〇三年一月二〇日
法務大臣　森山眞弓殿

日本弁護士連合会
会　長　本林　徹

国連「越境組織犯罪条約」締結にともなう国内法整備に関する意見書について

国連「越境組織犯罪防止条約」締結にともなう国内法整備に関する意見書

意見の趣旨

1　共謀罪の新設について

（1）当連合会は、要綱案に示された共謀罪の新設に反対である。

（2）条約第五条については留保又は「対象犯罪を組織犯罪集団の関与する、越境的な性質を有する犯罪に限定する。」との解釈宣言を行うべきである。

（3）仮に国内法化をするとしても、対象犯罪を組織犯罪集団の関与する、越境的な性質を有する犯罪に限定すべきである。

2　証人買収等罪の新設について

（1）当連合会は、要綱案に示された証人買収等罪の新設に反対である。

（2）条約第二三条については留保又は「対象犯罪を組織犯罪集団の関与する、越境的な性質を有する犯罪に限定する。」及び「被疑者・被告人の防御活動に支障を及ぼすことのないよう留意する。」との解釈宣言を行うべきである。

（3）仮に国内法化をするとしても、対象犯罪を組織犯罪集団の関与する、越境的な性質を有する犯罪に限定すべきである。

3　犯罪収益収受等の前提犯罪の適用範囲の拡大について

（1）当連合会は、要綱案に示された犯罪収益収受等の前提犯罪の拡大はあまりに広範にすぎ、反対である。

（2）条約第六条については留保又は「対象犯罪を組織犯罪集団の関与する、越境的な性質を有する犯罪に限定する。」との解釈宣言を行うべきである。

（3）仮に国内法化をするとしても、対象犯罪を組織犯罪集団の関与する、越境的な性質を有する犯罪に限定すべきである。

意見の理由

はじめに

今や、マフィア、暴力団などの麻薬・銃などの密輸などに代表される国境を越える組織犯罪対策はテロ対策と並ぶ、刑事司法分野における大きな国際的要請である。これらの組織犯罪の捜査・検挙のため、一九九九年八月、わが国においても組織犯罪・犯罪収益対策法が制定されている。この法案に対して、当連合会は、一九九八年二月三日付で意見書を公表している。当連合会はもちろんこれらの国境を越える組織犯罪に対する効果的対策を進めることに賛同するものである。

しかし、これらの組織犯罪対策・テロ対策に急なあまり、国際的に確立された国際人権保障の原則や、刑法の人権保障機能を危うくするようなことがあっては本末転倒である。

組織犯罪対策も、このような人権保障の原則と両立してこそ、真の市民の理解と協力が得られるものと信ずる。当連合会としては、このような立場に立ち、本条約と法務省の提案された要綱等を検討し、以下のとおり、意見を述べるものである。

第1　条約制定と国内法整備の背景

「越境組織犯罪防止条約」は、国連総会のもとに置かれた「越境組織犯罪防止条約起草のためのアド・ホック委員会」において、一九九九年一月から起草作業が継続されてきた。委員会は一一回の審議の後に条約案をまとめ、二〇〇〇年一一月に国連総会で採択され、日本政府はパレルモで開催された署名式で、これに署名した。

この条約は四〇番目の国の批准によって発効する（条約第三八条）。条約の署名国数は一四二に達しているが、締約国は二〇〇二年一二月一九日現在二六か国であり、条約は発効していない。G8諸国ではカナダだけが批准しており、アメリカ、イギリス、フランス、ドイツ、ロシアなどの諸国も批准していない。

法務大臣は、二〇〇二年九月、本条約の国内法化のための「共謀罪」（共謀だけで実行の着手がなくても可罰的とする）、「証人等買収罪」、「両新設罪の犯罪収益規制法の前提犯罪化」、「贈賄罪の国外犯処罰」などの規定の制定を法制審議会に諮問し、次期通常国会に法案を提出予定である。

第2　「共謀罪」（条約第五条関連）の新設について

1　要綱に定める共謀罪は、長期四年以上の刑を定める犯罪について、団体の活動として、当該行為を実行するための組織により行われるものの遂行を共謀した者を懲役三年以下の刑に処するものとし、死刑又は無期若しくは短期一年以上の刑を定める犯罪について、同様に共謀した者を懲役五年以下の刑とする、との加重規定も置いている。

我が国においては、判例理論によって共謀共同正犯理論がとられ、共謀者の一部が犯罪を実行に着手した場合、他の共謀者も罪を負うこととなっている。しかし、今回の要綱は犯罪の実行着手前の共謀それ自体を処罰の対象としている。いわば、刑法典を全面的に改定して、未遂犯の処罰から、長期四年以上の刑を定めるすべての重大犯罪について、共謀罪を新設したものとなっているのである。しかも、要綱は、条約が要請している「組織犯罪集団が関与したもの」という限定を取り外し、また、条約がその精神において求めている犯罪の「越境性」も必要でないものとしており、共謀罪の適用範囲を、国内の一般犯罪であり、組織犯罪集団が関与しないものにまで拡大して、「一般的共謀罪」の新設を提案しているものと評価できる。

2　条約の適用範囲

（1）条約第三条には、条約の適用範囲として、「性質上越境的なものであり、かつ、組織的な犯罪集団が関与するもの」と明記されている。

「性質上越境的なもの」とは、「二以上の国において行われる場合と一の国において行われるものであるが、その準備、計画、指示又は統制の実質的な部分が他の国において行われる場合、二以上の国において犯罪活動を行う組織的な犯罪集団が関与する場合、一の国において行われるものであるが、他の国に実質的な影響を及ぼす場合」を意味するとされている（条約第三条二項）。

「組織的な犯罪集団」とは、「三人以上の者から成る組織された集団であって、直接又は間接に金銭的利益その他の物質的利益を得るため、一定の期間継続して存在し、かつ、一又は二以上の重大な犯罪又はこの条約に従って定められる犯罪を行うことを目的として協力して行動するものをいう。」を意味するとされている（条約第一条ⓐ）。

（2）しかし、今回の「共謀罪」の新設にあたっては、上記の「性質上越境的なもの」との要件は、全く前提とされておらず、すべての純粋な国内犯罪に適用が可能な一般的規定として提案されている。

また、今回の国内法整備は、「組織的な犯罪集団が関与する犯罪」を超えて犯罪化されてもいる。要綱に定める共謀罪の構成要件は、「団体の活動として、当該行為を実行するための組織により行われるものの遂行を共謀したもの」とされている。しかし、条約上に規定されている「金銭的、物質的な利益を得る目的」「重大犯罪や条約に規定された犯罪を行うことを目的として、協力して行動する」ものであるという限定が要綱案には全く見られない。

要綱上要件とされているのは、犯罪を実行するものの「団体性」と「組織性」だけである。この団体が犯罪目的のものであることも「当該行為を実行するための組織により」という表現では、一時的に犯罪目的を帯びた通常の団体が含まれる可能性があり、明確となっているとはいえない。さらに、「金銭的、物質的な利益を得る目的」の点も政治・宗教目的の行為などを規制対象から除外する上で重要であるが、要綱では完全に無視されている。これでは、適用範囲は団体性のある共犯事件のすべてに拡大してしまう危険性がある。

（3）条約第三四条について

(a) 法務省見解

条約第三四条二項は、「第五条、第六条、第八条及び第二三条の規定に基づいて定められる犯罪については、各締約国の国内法において、第三条一に定める越境的な性質又は組織的な犯罪集団の関与とは関係なく定める。ただし、第五条の規定により組織的犯罪集団の関与が要求される場合はこの限りでない。」と規定している。

従って、条約第三四条二項を援用して、条約第五条の国内法化の段階では、「越境的」という性質は必要がないという見解がありうる。事実、法務省は、三四条によると各国の国内法化にあたっては、共謀罪（五条）については越境性、マネーロンダリング（六条）と司法妨害（二三条）については、越境性と組織犯罪の関与の点と無関係に立法しなければならないのだ、条約を批准する以上他の選択肢はないという解釈意見を述べている。このような見解が妥当なものかどうかを以下に検討する。

(b) 三四条二項の立案経過

この条項は、条約審議の際の最大の難関であった、条約の適用範囲に関する議論の中で提案されたものである。

三四条はもともと二三条（二三条の三）として審議されていた。九回までの審議に提案されていた、一項は現在の一項と同様、「各国の国内法制度の基本原則に従って」対策をとるというもの、二項は最終的な三項と同様、条約よりもいっそう厳格又は厳重な措置をとることができる。」というもので、現在の二項に相当する規定はなかった。

一〇回セッションの際に提案されていた条約案

においても、条約本文は変わらず、ただその注一二〇、一二一において、この条文について九回セッション中のインフォーマルミーティングで修正がなされたと書かれているが、その具体的な内容は明らかにされていない。注一二一には、わずかに次のように書かれている。

「第九回アド・ホック委員会会期中のインフォーマルミーティングでは、連邦国家の懸念を調整するため、この条項にに関する討議を再開する必要があるということを示している。」しかし、これ以上の内容は不明である。

そして、一〇回で確定された条約三四条三項の条項自体は「第五条、第六条、第八条及び第二三条の規定に基づいて定められる犯罪については、各締約国の国内法において、第三条一に定める越境的な性質又は組織的な犯罪集団の関与とは関係なく定める。ただし、第五条の規定により組織的犯罪集団の関与が要求される場合はこの限りでない。」と規定している。

(c) 警察学論集の見解

この点について重要な資料は警察学論集五三巻九号に掲載された今井勝典「国連国際組織犯罪条約の実質採択」である。この五七—五八ページに、「国際性」「組織性」の位置づけの問題として説明されている。

「(2)「国際性」、「組織性」の位置づけの問題

審議に当たって、最も各国で困難な調整を強いられることになったのが、条約の適用対象とする犯罪に関して、「国際性」や「組織性」をどのような形で求めるかの問題であったと思われる。

各国の立場を単純化すると二つの極があり、一方は、この条約の対処する犯罪が「国際組織犯罪」であることを根拠にして、各種処罰規定の整備、逃亡犯罪人引渡し、法律上の相互援助、コントロールド・デリバリー等の捜査協力、技術援助等様々な手段の適用は、すべからく「国際性」と「組織性」とを明確に兼ね備えたものに限定すべきとの考え方であり、G7諸国の支持を集めた。

そしてもう一方は、条約の実際の適用場面を考えると、そうした厳格な限定的アプローチは望ま

しくなく、何らかの限定が必要になる場合であっても、もっと緩やかなものにしておくべきであるとするもの（柔軟かつ広範アプローチ）であった。

双方の立場の対立は、第三読終了時になっても埋まることはなく、幾度とない審議の末、第一〇回会合になって、ようやく現在の形の成案を得たものである。

基本的な枠組みとしては、「国際性」、「組織性」を掲げつつも、各種犯罪化・犯罪人引渡し、法律上の相互援助といった実務的に重要な分野で「柔軟かつ広範アプローチ」に基づく特則が採用されるという形の決着となった。」

とされている。

また、同論文の注（一九）において、さらに、その理由の詳細が各種処罰規定に「国際性」、「組織性」を必要とするという見解と、「柔軟かつ広範なアプローチ」の考え方が対立していたことを具体的に説明している。
(d) 法務省解釈に明らかに反する「公的記録のための解釈的注」
法務省は法制審議会において、条約の解釈として、三四条によると各国の国内法化にあたっては、共謀罪（五条）については越境性、マネーロンダリング（六条）と司法妨害（二三条）については、越境性と組織犯罪の関与の点と無関係に立法しなければならないのだ、条約を批准する以上他の選択肢はないという意見を述べている。しかし、この点は、以上のような条約の立案経過を全く無視するものであり、条約の解釈としても誤っている。

そもそも条約は越境性のある組織犯罪を防止するための条約であり、越境性については三条に、組織犯罪集団に関しては二条に定義がある。条約の審議を通じてこの定義は大きな問題となった。条約の適用範囲を画するはずの越境性と組織犯罪の関与と無関係に共謀罪（組織犯罪の関与は除く）やマネーロンダリング、司法妨害の規定をする義務がある等と言うことはあり得ない解釈である。

このことは、条約の「公的記録のための解釈的注」の第三四条二項の解釈をみても裏付けられる。この条項は「条約の適用範囲を変更したものではなく、越境性と組織犯罪の関与が国内法化の本質的な要素ではないことを明確化したものである」とし、この条項は、各国は国内法化の際に越境性と組織犯罪の関与とを要素とする必要はないことを示しているとされている。したがって、国内法化をする際に、第六条、第八条、第二三条については「越境性」と「組織犯罪の関与」を、条約第五条については「越境性」の要素を、国内法に含む「必要はない」ことを示しているだけなのである。この条項は、一項では、国内法の原則に照らして国内法化をすればよいことを定めているのであり、第三四条の精神からすれば、国内法化に当たって、慎重な姿勢をとり、越境性と組織犯罪への関与を規定することには何の条約上の問題もないし、むしろ望ましいものであり、さらには国内法の諸原則への違背を理由に留保を行う根拠ともなりうる規定なのである。条約三四条を根拠として、これ以外の国内法化のオプションがないかのようにいう法務省の説明は明らかに条約の正確な解釈に違背する。

3　条約審議における日本政府の対応

なお、条約審議の冒頭に日本政府が提出したペーパーには、共謀罪の新設は日本の法制度の基本原則から見て不可能と日本政府が考えていたことが下記のとおり明確に記されていたことにも留意すべきである。

記

「5.（前略）このように、すべての重大犯罪の共謀と準備の行為を犯罪化することは我々の法原則と両立しない。さらに、我々の法制度は具体的な犯罪への関与と無関係に、一定の犯罪集団への参加そのものを犯罪化する如何なる規定も持っていない。」

このような立場に立って、日本政府は「重大犯罪」を「組織的な犯罪集団に関する重大犯罪」とすること、「その者の参加が犯罪の成就に貢献するであろうことを知って、重大犯罪を犯すことを目的とした組織的犯罪集団に参加すること」の犯罪化を提案していたのである。

4　また、多くの国々では共謀罪が存在していても、犯罪の合意だけで犯罪成立としている例は少なく、何らかの「顕示行為」が必要としている例が多い。合意成立後の打ち合わせや、電話での連絡、犯行手段や逃走手段の準備などの行為が必要とされているのである。アメリカ模範刑法典（5．〇三条五項）も、「合意の目的を達するための顕示行為が自己または他の合意者によって行われたことの立法と立証」が必要としている。条約自体の五条一項(a)(i)も「国内法により、必要とされるときは、そのような合意であって、その参加者の一人による当該合意を促進する行為を伴いまたは組織的な犯罪集団が関与するもの」という要件を付け加えることを認めている。

この条約を批准したラトビア政府は、批准にあたって、この条項にしたがって「国内法は条約五条一(a)(i)に定められた犯罪に関する目的の合意についても助長が必要である。」との解釈宣言を行っている。

当連合会は、共謀罪の制定そのものに反対であるが、少なくとも、何らの顕示・助長の行為もなく、合意の成立だけで犯罪の成立を認める要綱の立場は、あまりにも犯罪構成要件が広汎かつ不明確であって、刑法の人権保障機能を破壊しかねない。

5　結論

以上の次第であり、当連合会は、条約の批准にあたり、条約第五条は留保又は「対象犯罪を組織犯罪集団の関与する、越境的な性質を有する犯罪に限定する。また、合意については顕示・助長の行為が必要である。」との解釈宣言を行うべきであると考える。また、国内法化に際しては、この規定の適用範囲を、条約に規定された「金銭・物質的利益を目的とし」、「重大犯罪、条約犯罪の実行を目的とした」「組織的犯罪集団による越境的な性質を有する」行為に限定し、また、合意については顕示・助長の行為が必要であることとすべきであると考える。

第３　証人等買収罪（条約第二三条関連）の新設について

１　要綱は、「長期四年以上の刑の定められた犯罪に関して、自己又は他人の刑事事件に関し、証言をしないこと、若しくは虚偽の証言をすること、若しくは偽造若しくは変造すること、若しくは偽造若しくは変造の証拠を使用することの報酬として、金銭その他の利益を供与し、又はその申し込み若しくは約束をした者」を懲役一年以下の刑に処するとしている。また、前記の罪が「団体の活動として、当該行為を実行するための組織により行われた場合」「団体に不正権益を得させ、若しくは団体の不正権益を維持し、若しくは拡大する目的で行われた場合」の法定刑は懲役三年に加重されている。

２　危惧される刑事弁護に対する萎縮効果と当事者主義に反する条約規定

刑事事件について証人を威迫したり、故意に虚偽の証言をさせることは、証人威迫の罪や、偽証罪・罪証隠滅罪の教唆犯などとして取締りが可能である。これに加えて刑事事件に関して、証人等を買収すること自体を犯罪化することはその必要性が明確でなく、その適用の仕方によっては刑事弁護の実務に萎縮効果をもたらすことが必至である。

刑事事件において、被告人が無罪を主張し、検察官の提出する調書の内容を争って、証人が申請された場合、開示された調書の真実性を証人本人に面談して厳しくその証言をチェックすることは、弁護人としての責務である。そして、このような打ち合わせが、証人の自宅を避けて喫茶店や飲食店で行われた場合、証言のチェックのため時間をとってもらった証人のために、交通費や日当、飲食の費用を弁護士が支払うのは、むしろ社会的な常識の範囲であると考えられてきた。しかし、このような処罰規定が新設されれば、このような弁護活動のやり方そのものを犯罪視するような傾向が捜査機関内に出てくることは避けられないであろう。

翻って考えれば、捜査機関と被告人・弁護人・被告人の支援者が対等の当事者の立場で活動する中で真実を見い出すという刑事訴訟の当事者主義の原則に照らせば、訴訟の一方当事者である検察官が、自らの意に添わない弁護側の証人への働きかけを「虚偽」の証言を得るための証人等の買収と評価してこれに刑事罰を加えると言うことは明らかに行き過ぎである。

3　条約の適用範囲

条約第二三条も、条約第三条（適用範囲）に規定された「性質上越境的なもの」及び「組織的な犯罪集団が関与するもの」との規制を受けており、条約第二三条の立法化に際しても、「越境的な性質」及び「組織的な犯罪集団が関与するもの」という要件を規定すべきである。

「要綱第二、一項に列記された犯罪は、条約第三条一項に列記された犯罪に対応するものであるが、要綱第二、一項には、「組織的な犯罪集団が関与するもの」との限定も「性質上越境的」という限定もなく、証人買収と証拠隠滅の対価の支払い等の一般犯罪を規定したものとなっており、その法定刑は懲役一年以下とされている。

要綱第二、二項では、「団体の活動として、当該行為を実行するための組織により行われた場合」「団体に不正権益を得させ、若しくは団体の不正権益を維持し、若しくは拡大する目的で行われた場合」の法定刑が懲役三年に加重されている。しかし、「団体の活動として、当該行為を実行するための組織により行われた場合」が条約の定める「組織的犯罪集団の行為」に適合しているかどうかは大いに疑問があり、少なくとも要綱の一項は、条約の要請とは全く無関係な立法である。

4　条約第三四条について

条約三四条に基づいてこのような広範な犯罪化を正当化することができないことは、第二、二、（3）に記載したとおりである。

5　結論

現行刑法の証拠隠滅の罪の範囲で、なぜ法規制が不足なのかを法務当局は具体事例に則して説明すべきである。それができていない以上、当連合会としては、条約批准にあたり、条約第二三条に関しても留保又は「対象犯罪を組織犯罪集団の関与する、越境的な性質を有する犯罪に限定する。」及び「被疑者・被告人の防御活動に支障を及ぼすことのないよう留意する。」との解釈宣言を行うべきであると考える。

また、国内法化に際しては、この規定の適用範囲を、条約に規定された「組織犯罪集団による越境的性質を有する」行為に限定するべきであると考える。

第4　要綱のその他の規定に関する意見

1　犯罪収益規制の長期四年の刑を定める全ての犯罪への拡大（条約第六条関連）

（1）要綱は、犯罪収益収受や隠匿の罪の前提犯罪を長期四年以上の刑を定めるあらゆる犯罪に拡大している。また、要綱は、共謀罪と証言等買収の罪なども、前提犯罪に加えている。

（2）組織的犯罪の処罰と犯罪収益の規制に関する法律（一九九九年）

我が国は、一九九九年に組織的犯罪の処罰と犯罪収益の規制に関する法律を制定した。この法律についても、当連合会では、通信傍受の罪だけでなく、犯罪収益の規制に関する部分（同法の別表、二条二項、一〇条、一一条等）について反対の意見を表明している。

すなわち、上記法律では、麻薬や銃器など典型的な組織犯罪とされる罪だけでなく、傷害、窃盗、詐欺、横領などの刑法上の主要犯罪だけで五〇以上、その他にも商標法、著作権法など極めて多数の特別法上の罪が前提犯罪とされ、その範囲が著しく拡大された。犯罪によって得られた利得を全て没収することが目的とされ、犯罪による収益をそれと知って受け取った者を全て犯罪者にしていくのがマネーロンダリング、犯罪収益収受の罪となっている。

「犯罪収益等」という概念も広範なものである。ここには、文字通りの犯罪収益だけでなく、犯罪由来収益すなわち、犯罪収益の対価として得た財産、利息等を含むものである。さらに、これらの混和した財産も含まれることとなっている。どの程度の犯罪収益が入っていれば犯罪収益と見なされる混和財産に当たるのか、その基準も法律には示されていない。「犯罪収益等」がなくならない限り犯罪収益収受等の罪は時効が成立しない。あらゆる、金銭的利益に関連した前提犯罪については、これを移転するたびに新しい犯罪が成立し、時効のない特殊な新しい犯罪類型ができるのである。

（3）条約の適用範囲

条約第六条は従来、世界的に麻薬犯罪や銃器犯罪に限定されていたマネーロンダリング犯罪を「すべての重大犯罪」に拡大している。しかし、条約第六条はあまりに広範で、マネーロンダリングと無縁と思われる犯罪が前提犯罪とされている。

そして、今回の国内法整備は、極めて機械的に、長期四年以上の自由刑を定めているあらゆる犯罪を前提犯罪としている。そこには、条約第三条（適用範囲）の「性質上越境的なもの」及び「組織的な犯罪集団が関与するもの」との要件は、前提犯罪に付加されていない。

（4）条約審議における日本政府の対応

我が国の刑罰法規の法定刑は極めて幅が広い。長期四年の刑期が定められている犯罪が重大犯罪に限定されていないことは、法務省が法制審議会に提出している犯罪リストから明らかである。実際には、このような犯罪の多くは、罰金か短期の自由刑の対象としかされていない。わずか三年前に立法化する際に、犯罪収益に関連性があると考えられる重要な犯罪を網羅して前提犯罪が決定された。これを見直さなければならないような、国内的な必要性や立法事実はない。

日本政府は、このような事情から、条約の審議過程においても、重大犯罪を長期四年の刑期をメルクマールに決めることに強く反対し、同じような反対は多くの国からも寄せられた。

（5）結論

以上の次第であり、当連合会は、条約の批准にあたり、条約第五条は留保又は「対象犯罪を組織犯罪集団の関与する、越境的な性質を有する犯罪に限定する。」との解釈宣言を行うべきであると考える。また、国内法化に際しては、この規定の適用範囲を、条約に規定された「組織的犯罪集団による越境的な性質を有する」行為に限定すべきであると考える。

2　国外犯処罰（条約第八条関連）について

（1）法務省の説明によると、これは、国民の贈賄罪について国外犯を処罰するための立法化とのことである。これは、条約第八条二項に対応するものであるが、同項では「必要な立法その他の措置を取ることを考慮する。」となっており、条約上の絶対的な義務ではない。

（2）外国公務員に対する贈賄については、不正競争防止法第一一条に規定があるが、これには、「国際的な商取引に関して営業上の不正な利益を得るため」との限定がある。仮に、日本国民の贈賄罪の国外犯処罰を立法化するのであれば、不正競争防止法第一一条との調整をする必要がある。

（3）上記（2）に関連して、条約第三条（適用範囲）に規定される「組織的な犯罪集団が関与するもの」との要件がこの国外犯処罰規定にどのように関わってくるかを検討する必要もある。

第6　結論

今後の法制審議会、国会における議論においては、まず、条約の適用範囲を超えた立法がなされていないかどうかを厳密に審査し、また我が国の法原則に照らして容認しがたい条項については、その条項を金科玉条とするのではなく、我が国の刑事司法の原則とさらには国際的に確立した刑事司法の諸原則、ウィーン条約などに照らして慎重な検討を行う必要がある。そして、共謀罪と団体参加罪を定める条約第五条、司法妨害の処罰を義務化する条約第二三条、犯罪収益収受等の前提犯罪の適用範囲を拡大する条約第六条の国内法化に当たっては、意見の趣旨記載のとおりの対応をすべきである。

国際的組織犯罪条約第二条、五条、三四条

第二条　用語の定義

この条約の適用上、

(a)「組織犯罪集団」とは、三人以上の者からなる系統的集団で、一定期間存続するものであって、直接又は間接に資金上その他の物質上の利益を獲得するため、一又は二以上の重大犯罪又はこの条約の規定に従って定められる犯罪を犯す目的で協力して行動するものをいう。

(b)「重大犯罪」とは、その最長において四年以上自由を剥奪する刑に処し得る犯罪を構成する行為をいう。

(c)「系統的集団」とは、犯罪を直ちに行うために無作為に組織されたものではない集団（その構成員に対して正式に定められた役割、その構成員の継続性又は発達した系統を有することは要しない。）をいう。

(d)「財産」とは、有体物であるか無体物であるか、動産であるか不動産であるか及び有形であるか無形であるかを問わず、あらゆる種類の財産及びこれらの財産に関する権原又は権利を証明する法律上の書類又は文書をいう。

(e)「犯罪収益」とは、犯罪の実行により生じ又は直接に若しくは間接に得られた財産をいう。

(f)「凍結」又は「押収」とは、裁判所その他の権限のある当局が出した命令に基づき、財産の移転、転換、処分若しくは移動を一時的に禁止すること又は当該命令に基づき財産の一時的な保管若しくは管理を行うことをいう。

(g)「没収」とは、裁判所その他の権限のある当局の命令による財産の永久的な剥奪をいう。

(h)「前提犯罪」とは、第六条の定義する犯罪の対象となり得る収益をその結果として生ずる犯罪をいう。

(i)「監視付移転」とは、犯罪を捜査し及び犯罪

を実行し又はその実行に関与した者を特定するため、一又は二以上の国の権限のある当局が、事情を知りながら、かつ、その監視の下に、不正な又はその疑いがある送り荷が当該一又は二以上の国の領域を出、これを通過し又はこれに入ることを認めることとする方法をいう。

(j)「地域的な経済統合のための機関」とは、特定の地域の主権国家によって構成される機関であって、この条約が規律する事項に関しその構成国から権限の委譲を受け、かつ、その内部手続に従ってこの条約の署名、批准、受諾若しくは承認又はこれへの加入の正当な委任を受けたものをいう。この条約において、「締約国」とは、当該機関の権限の範囲内において当該機関にも適用する。

第五条　組織犯罪集団への参加の犯罪化

1　各締約国は、故意に行われた次の行為を犯罪とするため、立法その他の必要な措置をとる。

(a)犯罪行為の未遂又は既遂に含まれるものとは別個に成立する次の一方又は双方の犯罪

(i)一又は二以上の者と、直接又は間接に資金上その他の物質上の利益を獲得することに関する目的で、重大犯罪の実行を合意すること（国内法により必要とされる場合は、当該合意を達成するために行われる参加者の行為、又は組織犯罪集団の関与を含める。）。

(ii)組織犯罪集団の目的及び犯罪活動一般、又は特定の犯罪を実行する意図を認識している者が、次の行為に積極的に参加すること。

a. 当該組織犯罪集団の犯罪活動

b. 当該組織犯罪集団のその他の活動であって、当該者の参加が当該犯罪目的の達成に資することを認識しているもの

(b)組織犯罪集団が関与する重大犯罪の実行を組織し、指示し、ほう助し、教唆し若しくは援助し又はこれについて相談すること。

2　1に規定する認識、故意、目的又は合意は、客観的な事実の状況により推認することができる。

3　国内法によって1(a)(i)の規定に従って定められる犯罪の適用上組織犯罪集団の関与を要する

締約国は、国内法が、組織犯罪集団の関与するすべての重大犯罪をその適用対象とすることを確保する。当該締約国及び国内法によって1(a)(i)の規定に従って定められる犯罪の適用上合意を達成するために行われる行為を必要とする締約国は、この条約の署名又は批准書、受諾書、承認書若しくは加入書の寄託の際に、国際連合事務総長に対しその旨通報する。

第三四条　条約の実施

1　各締約国は、自国の国内法の基本原則に従い、この条約による義務の履行を確保するために、立法措置及び行政措置を含む必要な措置をとる。

2　第五条、第六条、第八条及び第二三条の規定に従って定められる犯罪は、各締約国の国内法において、第三条一に規定する当該犯罪の国際性又は組織犯罪集団の関与との関係を離れて規定する。ただし、第五条が組織犯罪集団の関与を求める場合を除く。

3　各締約国は、国際組織犯罪の防止及び対処のため、この条約により規定される措置よりも一層厳格又は厳重な措置をとることができる。

年表でみる共謀罪・反「テロ」包括法への歩み

○95年1月　公安調査庁が調査対象を市民団体にまで拡大方針
○95年3月　地下鉄サリン事件
○95年12月　村山内閣、オウム真理教への破防法団体解散処分請求手続き決定
○96年10月　長尾法相「組織犯罪に対処するための刑事法整備」を法制審諮問
○97年1月　公安審、オウム真理教への破防法団体解散処分請求棄却決定
　自民党から批判続出
○97年5月　暴力団対策法改悪（「指定暴力団員→暴力団員の周辺」に拡大。上位者に中止命令）
○97年6月　土本武司筑波大教授が「団体規制についての一考察」を『法律の広場』に掲載（解散処分にとどまらず団体の構成員であることを罰する結社罪、処分決定機関は裁判所など実体面・手続き面での全面改悪案）
○97年11月　行政改革会議公安調査庁縮小方針↓破防法「改正」論浮上
　「団体規制法（破防法）については、適切かつ迅速な団体規制を図る観点からの検討を行うべきだ」（内閣官房文書）。手続きの迅速性、規制処分の多様化、禁止行為の明確化
○97年9月　法制審「組織犯罪に対処するための刑事法整備」を答申
○99年春　周辺事態法、国旗・国歌法、入管法改悪、住基台帳法改悪
○99年5月　法相が公安調査局長等会議で「より効率的な団体規制へ破防法改正」発言
○99年8月　組織的犯罪対策三法制定

○99年12月　「無差別大量殺人を行った団体の規制に関する法律」（第二破防法）制定
○99年秋以降　警察腐敗が噴出
○00年1月　公安審、オウム真理教に観察処分
○00年9月　ビッグレスキュー2000
○00年12月　国際的組織犯罪条約署名
○01年　司法審最終意見書
○01年9月　「9・11」事件
○01年9月　国連安保理決議
○01年10月　アフガン戦争開始、アメリカ愛国者法制定
○01年10月　対テロ特措法三法
○01年10月　『日経新聞』〝テロ資金新法　国内居住者を規制〟報道（A）
○01年10月　爆弾テロ防止条約批准・国内法改悪
○01年12月　警察「改革」
○02年3月　心神喪失者等医療観察法国会上程
○02年6月　テロ資金供与防止条約批准・カンパ禁止法
○02年9月　法相「国際的組織犯罪条約締結に伴う国内法整備」を法制審に諮問
○02年11月　公安調査庁、朝鮮総連へ破防法適用検討（朝銀破綻に関連して衆院財務金融委員会で発言）
○02年12月　法制審、共謀罪新設などを答申
○03年1月　『読売新聞』〝反テロ新法を検討〟報道（B）
○03年2月　『産経新聞』〝反テロ法案概要判明〟（万景号―対韓国工作員事件に関連して）（C）
○03年3月　共謀罪など組対法・刑法改悪案国会上程
○03年3月　『論座』に川口順子外相が、新たな脅威・国際テロへの対応について論文発表（「テロ行為やテロ団体を対象にした包括的な立法」の必要性）（D）
○03年3月　イラク戦争開始
○04年4月　サイバー犯罪条約批准

○04年6月　暴力団対策法改悪、入管法改悪刑の重罰化を軸に刑法改悪司法「改革」、警察法改悪国民保護法など有事立法

山田元警察庁長官、警察政策学会シンポで有事治安警察構想発言（E）

○04年8月　警察庁「テロ対策推進要綱」

○04年9月　国際組織犯罪等・国際テロ対策推進本部会合で、テロ対策新法、入管法、警察官職務執行法改悪などテロ予防策の年内取りまとめを確認

○04年12月　犯罪対策閣僚会議「行動計画」発表

（A）『日経新聞』01年10月24日『テロ資金新法国内居住者を規制』【金融庁案】

「政府は米同時テロを受け、国内に居住するテロリストへの資金の流れを封鎖する新法の検討に着手」「国連の制裁決議による外国為替・外国貿易法による海外居住者の銀行口座の封鎖でタリバン政権関係者の口座を凍結」「国内居住者の場合には、テロ資金である疑いが濃厚な口座でも凍結できる法律はない」

「新法では専門の審査会を設けるなどの方法で殺人、破壊等の活動をしたテロリスト、テロ集団を特定。これに対する資金提供者を罰するほか、金融機関に対しても不審な取引に関する通報義務。資産の凍結は凍結命令ではなく、資産移動の許可制とすることで、財産権の保障とのバランスをとる見通し」

（B）『読売新聞』03年1月20日『反テロ新法を検討』

「現在、国内のテロ関連団体は確認されていないが、国際テロの防止には、こうした団体規制の法律を事前に整備しておくことが必要」（法務省幹部）

「包括的な『反テロ活動法案』（仮称）」を「内閣官房や法務省、警察庁、公安調査庁などが非公式協議」「外務省も近く参加」

②（ア）テロ行為や準備行為を行った団体（イ）

テロ組織への資金や情報提供など支援行為を継続的におこなっている団体などについて、「テロ関連団体」と認定し、規制の対象とする。」
③「(テロ資金供与処罰法の)規制【資金提供の禁止や提供資金の没収】を強化し、テロ関連団体の所有資産全体の凍結や没収などを検討」
⑤テロ関連の情報収集や捜査権限の強化
⑥政府または有識者らによる第三者機関が捜査機関などの情報を審査
(C)『産経新聞』03年2月8日『反テロ法案概要判明』
「国際的な『テロとの戦い』で日本が主体的役割を果たすには、テロ対策関連法の『国際水準化』が必要」「個別法によるテロ取締りの限界を乗り越え、テロへの機能的対応が可能」
「テロなどの破壊活動を取り締まる法律には破壊活動防止法があるが、オウム真理教にも適用できず、『国として国民の安全を守る責任を果たしているとはいえない』(川口順子外相)状況」「一二の『テロ防止関連条約』を批准、テロリストへの資金提供を禁じた『テロ資金提供処罰法』など個別法を整備してきた」が「貨客船『万景峰92』を舞台にした対韓工作事件で、その個別法は適用できず『対象療法にもならない』(外務省筋)を露呈した」
「政府・与党内では『テロ行為やテロ団体を対象にした包括的な法律がない』として反テロ法整備を求める声が強まった」
①テロリズムを「特定の政治的、宗教的な目的で行われる殺傷行為やその他の準備活動」と定義
「イスラム過激派のほか、北朝鮮工作員らによる破壊活動を目的とした情報収集などの工作活動も対象」
②前項の行為を行っている国内外の組織を内閣総理大臣または国務大臣が指定
「テロ行為への直接関与が証明されなくても、テロ指定組織の構成員に対する入国禁止や国外退去措置で国内でのテロ活動を予防」
「団体・組織への勧誘活動を行ったり、テロ組

織への送金や情報提供などの支援行為を継続的に行った場合も規制の対象とし、『解散』や『資産没収』措置など」
③テロ目的の資金所持、資金集め、海外送金、マネーロンダリングなどを「テロ資金活動」として処罰
④指定されたテロ組織の構成員に、入国制限処置や強制国外退去措置をとることを可能にする
⑤指定されたテロ組織に対し、通信傍受などの捜査権を拡大
⑥指定されたテロ組織の基本的人権、結社の自由、財産権などは同法の適用範囲内で制限可能

（D）『論座』２００３年３月号。川口順子外相「変化する安全保障環境と日本外交――新たな脅威への対応めぐり国民的議論を」（「国際テロと我が国の対応」の節）

「国際社会は、いつ終わるともしれないテロとの闘いを遂行中であり、我が国としてもこれに参加していくことが、我が国自身の安全を守るためにも必要」
①「現在、テロ行為やテロ団体一般を対象にした包括的な立法はなされていません」「テロについて、起きた後で殺人罪の実行犯として捜査するだけでは、国家として市民の安全を守る責任を充分に果たしているとは言えません」
②「既に海外でテロを行い、これからも行う恐れのあるテロ団体についていては、出入国や武器の入手、資金管理などすべての活動にわたって規制の網をかぶせることが必要」
③「他方テロ組織を厳しく規制することは、一般市民に対しても一定の不自由を甘受することをお願いするという問題もあります。テロ組織への加入の禁止など結社の自由の制限、厳格なテロ資金対策による経済活動や財産権への一定の制限、交通機関における手荷物検査の厳格化などがそれにあたります」
④「テロ資金対策、武器や生物・化学剤の取締り等の分野における国際協力をさらに推進していくためには、既存の国内法制に足りない点がないか、

よく検討することも必要」
⑤「テロを根絶するためには、テロ行為あるいはテロリストが地域住民から支持されない環境を作り出すことが必要」

（E）元警察庁長官・山田英雄公共政策調査会理事長の発言（2004年6月、警察政策学会のシンポジウムでの発言）

①少年対策として、青少年健全育成法の制定（自販機の規制、有害図書の別区画販売）、少年法の抜本的改正（一四歳未満の触法少年対策、保護観察制度の見直し）②外国人対策（不法就労外国人の五年間で半減のために）として、密航対策（三万人の累積）、偽造旅券対策（喫緊の必要性）、旅館業法等の改正（外国人宿泊時の身元確認と警察への通報）、外国人収容施設の増設、入国管理官の飛躍的増強③警察権限の見直しとして、治安対策基本法の制定（国、自治体、住民のそれぞれの役割を決定）、警察官職務執行法の改正（職務質問・停止権の設定、制止権の要件緩和、危険人物の一時拘束、けん銃使用の要件緩和）、通信傍受の対象と要件の再検討、破防法の組織規制の再検討、スパイ罪の制定、有事立法における警察緊急権の検討④警察組織の見直しとして、治安機関の統合（入管、海保、麻薬取締り、公調、各種特別司法警察の警察庁への統合）、国の執行件の創設（特定の犯罪についての事物管轄の設定）——など警察権限、組織の根本的見直しについて提言した。

あとがき

本書に「あとがき」が本当に必要なのか判らない。しかし、私には書きたいことがあるので、この場を借りて、述べることにしたい。

二〇〇三年三月に共謀罪新設は国会上程された。それから二年以上たった。この間、市民、労働者、弁護士、国会議員の協力で審議入りを、昨秋の臨時国会を含め四回阻止してきた。この一翼として〝組対法・破防法に反対する共同行動〟も、昨秋、全力で審議入り阻止の闘いを展開した。しかし私には、不思議に共謀罪審議入りを阻止したという勝利の喜びはなかった。むしろ、政府・法務省が総力をあげて成立を目論んできたらどうするか、という不安が先にたった。というのも、臨時国会終了近くになって、政府・法務省が法案修正を見据えた動きをしているという話が入ってきたからである。この真偽はさだかではないが、ありうることだと私は思った。

二年間に及ぶ共謀罪反対の闘いは、少しずつ連帯の輪も広がってきた。最近になって、マスコミの一部も共謀罪を取り上げて、危険性を告発し始めた。しかし、多くの人々は、未だ共謀罪新設の動きを知らない。もっと大きな共謀罪反対の輪が必要である。反対の声が全国津々浦々から澎湃と上がる必要がある。それには誰もが、共謀罪とは何か、この法案の目的は何か、といった内容を理解できる基礎的で実践的な本が必要であると、私は思った。共同行動の仲間も、同様なおもいであった。

こうして共同行動の仲間を中心にした編集会議が発足し、足立昌勝さんの監修協力を得て、本書は成立した。

第一章「共謀罪Q&A」は、質問と回答という形式で、共謀罪の中身をイラストも駆使してできるだけ平易に説明した。更に用語解説を加え、若者や治安問題は初めてだという人にも配慮した。

第二章及び第三章は、共謀罪の国際—国内的背景と経過、政府・法務省が国際的組織犯罪条約批准という名目で推進している治安管理社会の法的特徴などを明らかにした。

第四章は、共同行動のメンバーに救援連絡センターの山中さんも加えて、九五年来十年に及ぶ治安法反対闘争について語りあい、運動の地平と課題を提起した。この章の最後には、座談会に対応した年表を掲載し、経過をわかりやすくした。第五章は、本年（〇五）一月十三日の関西生コン・武委員長ら四名への弾圧に対する抗議声明や、立川テント村からは「控訴審無罪へがんばる」という決意表明など、多数の闘争報告を掲載した。第六章には、共謀罪新設に関する法案や政府・法務省などの反「テロ」治安法への動きを年表にした資料を載せた。

用語についていくつか述べておきたい。二〇〇〇年十一月に国連で成立した国際的組織犯罪条約について、原文の「transnational」を「国際的」ではなく「越境的」と訳して使用する場合がある。本書は、各個人・団体の個性を尊重し、あえて統一しなかった。また、9・11事件についても、同様の立場から、使用法を統一しなかった。数字は、座談会に限り算用数字を使い、他は原則として漢数字で表記した。

最後に、こうした社会実践的な本の出版が大変厳しい中で、出版を快諾された社会評論社の松田健二社長と、本書が二冊目の担当である濱崎誉史郎さんには、心からの感謝を述べて、「あとがき」の纏めにしたい。

小島四郎

足立昌勝（あだち　まさかつ）
1943年東京都生まれ。中央大学卒業後，静岡大学を経て，現在，関東学院大学法学部教授。
主著として，『近代刑法の実像』『国家刑罰権力と近代刑法の原点』『警察監視国家と市民生活』（いずれも，白順社），『Q＆A心神喪失者等処遇法案—精神医療と刑事司法の危機を招く—』（現代人文社）。

共謀罪と治安管理社会

2005年4月30日　初版第1刷発行

監　修——足立昌勝
発行人——松田健二
発行所——株式会社 社会評論社
東京都文京区本郷2-3-10お茶の水ビル
TEL.03-3814-3861/FAX.03-3818-2808
http://www.shahyo.com
印　刷——ミツワ
製　本——東和製本

Printed in Japan　ISBN4-7845-1444-9

自由に生きる

フランスを揺るがすムスリムの女たち

●ルーブナ・メリアンヌ／堀田一陽訳

「売女でもなく、忍従の女でもなく」――母親や娘たちの大行進はパリの街をゆるがす。自由と解放を求めるアラブ系在仏女性の描く、もうひとつのフランス。朝日新聞で好評（評者・酒井啓子）

四六判上製／2000円＋税

西洋世界の没落

異端の現代史

●片桐薫

世界を西洋化していったキーワード「ヨーロッパ中心主義」「帝国主義」「植民地主義」「キリスト教」「社会主義」。その五つの概念とイデオロギーが今日、同時代的現象として衰退している。

四六判上製／2600円＋税